D1661937

Tatsachen

Tatsachen Nr. 55

Thüringens Gruss: Ach wie ist's möglich dann,
Dass ich Dich lassen kann.

Regina-Bianca Kubitscheck

Skandale in Thüringen

Tauchaer Verlag

Kubitscheck, Regina-Bianca:
Skandale in Thüringen / Regina-Bianca Kubitscheck
1. Aufl.- [Taucha]: Tauchaer Verlag 2016
ISBN 978-3-89772-280-4

© 2016 by Tauchaer Verlag
Satz: Tauchaer Verlag
Herstellung: Neumann & Nürnberger Leipzig GmbH
Druck und Verarbeitung:
Tesinska Tiskarna, a. s.
ISBN 978-3-89772-280-4

Inhalt

Hurerei und Sittenverfall

BIS WEIT INS 19. Jahrhundert sah das Strafgesetzbuch im Thüringischen drastische Strafen für Verstöße gegen die sittliche Ordnung und christliche Moral vor. Ehebruch, vorehelicher Geschlechtsverkehr, uneheliche Kinder, Duelle, Glücksspiel, Kleiderluxus – die Sittenpolizei hatte reichlich zu tun.

Er hatte es mit seinen Untertanen nur gut gemeint. Ernst der Fromme von Sachsen-Gotha-Altenburg (1601-1675), dem es oblag, sein Herzogtum nach dem Dreißigjährigen Krieg einen sicheren Weg in eine glorreichere Zukunft zu ebnen, erließ zum Wohle des Volkes eine Reihe von Edikten, die 1653 in einer Landesordnung zusammengefasst wurden. Mit diesem Gesetzeswerk, das fast zwei Jahrhunderte nahezu unverändert blieb, hinterließ Ernst der Fromme ein bedeutendes Erbe. Im Fokus seines Handelns stand für den streng gläubigen Lutheraner dabei immer die Aufrechterhaltung des christlichen Lebenswandels. Zur Vermeidung von Duellen und Schlägereien gab es die Ordnung gegen das »Außfordern und Balgen«. Darüber hinaus gab es eine Verordnung gegen das »Voll-, Zu- und Gleichsaufen«. In einem anderen Erlass wurden die Feiern bei Verlobungen, Hochzeiten, Taufen und Begräbnissen geregelt. Und mit einer Kleiderordnung wurde der aufkommenden luxuriösen Mode ein Riegel vorgeschoben.

Ernst der Fromme würde nicht seinen Beinamen tragen, wenn er nicht auch alles in seiner Macht stehende getan hätte, um der ausufernden Unzucht in seinem Herzogtum Einhalt zu gebieten. Ganz klar hatte er festgeschrieben, dass »keine öffentliche Hure im Lande geduldet, sondern gefänglich eingezogen, furter an Pranger gestellt, außgepaucket und ausgewiesen werden soll«. Die Begriffe »Hure« und »Hurerei« waren entsprechend dehnbar. Frauen, die gewerbsmäßig ihren Körper feilboten oder die sich leichtfertig in die Arme eines Mannes begaben, wurden genauso bestraft wie der voreheliche Geschlechtsverkehr unter Verlobten.

Herzog Ernst der Fromme,
Kupferstich von Johann Jacob von Sandrart.

Der Beweis für die Unkeuschheit einer unverheirateten Frau war freilich das unehelich geborene Kind. In den Kirchenbüchern finden sich unterschiedliche Einträge, die entweder mit der Bezeichnung »Hurenkind«, »in Unehren erzeugt« versehen oder ganz und gar auf die letzten Seiten verbannt sind. Hebammen waren überdies dazu aufgefordert, den Namen des Erzeugers durch freundliches Befragen der Wöchnerin in Erfahrung zu bringen und der Obrigkeit mitzuteilen.

Die Regierung war insofern eifrig bemüht, jegliche Zusammenkünfte zwischen Mann und Weib zu verhindern. Begleitete ein Mann ein Mädchen im Schutz der Dunkelheit nach Hause, drohte ihm eine Gefängnisstrafe. Sogenannte Spinnstuben mussten geschlossen werden, weil bei diesen abendlichen Zusammenkünften »viel Unzucht und Leichtfertigkeit« getrieben wurde. Verboten wurde auch der Mummenschanz in der Fastnacht »als ein heidnisches und Christen übel anständiges Wesen«. Bei der Überwachung der Moral, der Kirchenzucht als auch des häuslichen Umfeldes wurde die Sittenpolizei durch ehrenamtlich tätige Disziplininspektoren unterstützt, die in begründeten Verdachtsfällen selbstverständlich sofort Meldung zu erstatten hatten.

Unter »Hurerei« wurde auch jeder außereheliche Verkehr verstanden. Lange Zeit stand auf Ehebruch die Todesstrafe. Der betrogene Ehepartner konnte aber dieses Urteil mittels Vergebung verhindern; die Eheleute wurden dann allerdings des Landes verwiesen. Um ein Geständnis zu erwirken, sah die Prozessordnung sogar die Folter vor. Erst viel später konnte man mittels Eid durchaus einen Freispruch erwirken. Die Anwendung eines solchen Reinigungseides kam im Ehebruchprozess gegen eine gewisse

Margaretha Döhrling zum Tragen. Die in unseren heutigen aufgeklärten Augen kuriose Begebenheit, die vor dem Jenaer Schöffenstuhl verhandelt wurde, hatte sich an Pfingsten des Jahres 1730 im Amt Altenstein zugetragen.

Ein Mann namens Just Eichel hatte reichlich dem Alkohol zugesprochen und begab sich spät nachts nach Hause. Er irrte sich aber in der Tür. Unwissend legte er sich ins Bett und begann mit der darin liegenden Frau »das Werk der fleischlichen Unzucht«. Die später angeklagte Margaretha Dörling erklärte, dass »sie nicht anders gewust, als daß solches ihr Mann sei, auch ein anderes nicht ehe inne worden, als biß sie nachhero aufgestanden und ihn in der Stube auf dem Faulbette angetroffen«. Just Eichel musste ebenfalls schwören, dass er aufgrund seiner Trunkenheit seiner Sinne nicht mehr Herr gewesen war und er auf keinen Fall den Vorsatz gehabt hatte, »mit der Dörlingin Ehebruch zu begehen.«

Nun, wenn dies nicht tatsächlich der Wahrheit entspricht ...

Verscharrt und vergessen

ES GAB EINMAL eine Zeit, da blieb Hingerichteten und Selbstmördern ein christliches Begräbnis mit Gesang, Geläut und der Begleitung eines Pfarrers verwehrt. Im Zuge der Aufklärung setzten sich allmählich andere Anschauungen durch. Gesetze versuchten, die alten Bräuche zu lockern. Doch die Neuerungen fielen bei der einfachen Bevölkerung nicht unbedingt auf fruchtbaren Boden.

Die Beerdigungen in heutiger Zeit sind mittlerweile sehr unterschiedlich und lassen den Wünschen des Verstorbenen oder deren Hinterbliebenen einen gewissen Raum, natürlich entsprechend der jeweiligen geltenden Friedhofs- und Bestattungsgesetze, die von Bundesland zu Bundesland variieren und auf kommunaler Ebene nochmals geregelt sind. Üblicherweise kann zwischen einer Erdbestattung auf dem Friedhof und einer Feuerbestattung gewählt werden, bei der die Beisetzung der Urne beispielsweise anonym in einer Nische der Friedhofsmauer oder im Friedwald erfolgt. Die Begräbniszeremonie geht in der Regel mit einem Gottesdienst, einer weltlichen Trauerrede und Musikbegleitung einher.

Drehen wir das Rad der Geschichte zurück, so sehen wir die Bestattungen noch fest in der Hand der Kirche verankert. Die ganze Gemeinde war auf den Beinen, um den Verstorbenen zu seiner letzten Ruhe zu begleiten. Hinzu kam eine aufwendige Zeremonie, die die Kirchenordnung vorschrieb. Dies ließ sich in Kriegszeiten oder bei einer viele Opfer bringenden, grassierenden Seuche nur schwer einhalten. Sogenannte stille Beerdigungen waren dagegen all jenen vorbehalten, die sich zu Lebzeiten außerhalb der sittlichen und christlichen Moral gestellt hatten. Jene fehlgeleiteten Geschöpfe wurden in der Nacht mit einem Laternenzug eiligst zu Grabe getragen.

Infolge der einsetzenden Aufklärung fand allmählich ein Wandel statt. So wurden stille Beerdigungen auf einmal unter der wohlhabenden Bevölkerung sehr populär. Sie fanden am Abend oder in den frühen Morgenstunden im Fackellicht im kleinen Kreis statt. Eine Leichenpredigt des Pfarrers fehlte, stattdessen blickte ein Gedächtnisredner auf das Leben des Verstorbenen zurück.

Kaum vorstellbar mag uns erscheinen, wie mit dem Leichnam einer unglücklichen Dienstmagd aus dem ehemaligen thüringischen Ostheim (seit 1945 zum Freistaat Bayern gehörig) verfahren wurde, die in ihrer Not – sie erwartete ein Kind – ins Wasser ging. Mit ihrem Suizid hatte sie nach christlicher Auffassung eine Todsünde begangen. Ein eigens beauftragter Chirurg schnitt daher ihren Körper auf und entnahm den Fötus. Dieser wurde auf dem Gottesacker begraben, während die Tote vom Wasenmeister (= Abdecker) auf die Gerichtsstätte gebracht und dort unter dem Galgen in der Erde verscharrt wurde. Diese unwürdige Bestattungsart, das »Eselbegräbnis«, blieb auch den Hingerichteten vorbehalten.

Dabei war es für die Behörden nicht immer einfach, unter den »unehrlichen« Berufen jemanden zu finden, der die Leiche eines Selbstmörders transportierte und begrub. Abdecker (die man auch manchmal Schinder oder Wasenmeister nannte), Henker, Totengräber oder Nachtwächter galten durch ihre Tätigkeit als geächtet. Zudem war noch allzu tief der Glaube verwurzelt, dass der Tote wiederkehren und alle Lebenden ins Verderben führen könne. In Meiningen kam es im Herbst 1765 sogar zu einem mehrtägigen Streik der Hirten und Nachtwächter, da sie es unter ihrer Würde fanden, einen im Arrest gestorbenen Dieb auf dem Gottesacker zu begraben. Nachdem sie zwei Tage selbst in Haft genommen worden waren, kamen sie dem Regierungsbefehl schließlich nach und bestatteten den Toten unter den wachen Augen einiger abgestellter Soldaten zur Nachtzeit.

Der Totengräber,
Abbildung in einem Buch über die Stände, 1698.

Ähnliches trug sich ein Jahr später in Frauenbreitungen zu (seit 1950 Ortsteil von Breitungen). Am 10. November 1766 hatte sich ein Bauer unter ungeklärten Umständen im Wald von Ettmarshausen erhängt.

Zunächst fand sich niemand, den Leichnam abzuschneiden. Ihn hängen lassen, sodass sich früher oder später die Aasvögel über den Kadaver hermachen würden, konnte man aber auch nicht. Also stellten die Behörden 20 Reichstaler demjenigen in Aussicht, der die unappetitliche Aufgabe erledigte. Ein Ehepaar aus Frauenbreitungen erklärte sich schließlich bereit, den Toten vom Ast zu schneiden und ihn mit einem Karren zu transportieren. Auf dem Frauenbreitunger Gottesacker sollte der Leichnam mit einer Sondergenehmigung, die die hinterbliebene Familie erwirkt hatte, bestattet werden. Das Ereignis sprach sich jedoch wie ein Lauffeuer herum. Die Menschen kamen herbeigelaufen und machten ihrem Unmut Luft. Das Ehepaar wurde beschimpft und sah sich körperlichen Misshandlungen ausgesetzt. Der Weg zwischen Ettmarshausen und Frauenbreitungen entwickelte sich zum Spießrutenlauf. Doch als der Zug endlich am Bestimmungsort eintraf, war selbst die Gemeinde nicht willens, dem Selbstmörder auf dem Gottesacker einen Platz zuzuweisen. Unter den versammelten Frauen und Männern steigerte sich in der Folge die Wut ins Unermessliche und entlud sich in schrecklichen Szenen. Der Sarg wurde unter Lärm und Tumult zertrümmert, der Tote herausgezerrt und in ein Loch geworfen. Dieses skandalträchtige Schauspiel wider der behördlichen Anordnung hatte drastische Konsequenzen. Nach einer Untersuchung wurde die Landmiliz aus dem Umland gerufen, um sich nach Frauenbreitungen in Marsch zu setzen. Ihre Anwesenheit stellte schließlich sicher, dass unter der Aufsicht des Amtmannes der Tote wieder ausgegraben und in einen eigens von der dazu aufgeforderten Gemeinde für diesen traurigen Anlass neu angefertigten Sarg gelegt und beigesetzt werden konnte.

Wirbel im Hause Sachsen-Weimar

DIE BOULEVARDPRESSE HÄTTE zu Zeiten des regierenden Wilhelm Ernst von Sachsen-Weimar (1662-1728) keine Sorge haben müssen, ihre sensationslüsternen Leser zu unterhalten – lieferte doch Seine Durchlaucht höchstselbst regelmäßig ausreichend Skandälchen: Seine Bigotterie hielt ihn beispielsweise nicht davon ab, skrupellos seinen alkoholkranken Bruder zu entmachten. Schon legendär ist seine Auseinandersetzung mit Johann Sebastian Bach, den er kurzerhand in den Kerker warf.

Zum Trauma entwickelte sich allerdings des Herzogs Ehe mit seiner eigenwilligen Cousine Charlotte Marie von Sachsen-Jena, die nicht daran dachte, sich den Konventionen zu unterwerfen. Als sie dem Kontrollzwang ihres Gemahls überdrüssig war, verließ sie ihn ...

Es war kein Liebespaar, das am 01.11.1683 in Eisenach ohne jegliche Feierlichkeit vor den Traualtar schritt. Der 20-Jährige Wilhelm Ernst von Sachsen-Weimar hatte um die Hand seiner um sechs Jahre jüngeren Cousine Prinzessin Charlotte Marie von Sachsen-Jena allein aus politischem Kalkül geworben.

Charlotte Marie war Vollwaise. Der Vater Herzog Bernhard von Sachsen-Jena starb 1678 mit nur 40 Jahren und die Mutter Marie Charlotte de la Trémoïlle sank ins Grab, da war Charlotte Marie gerade zwölf. Sie und ihr jüngerer Bruder Johann Wilhelm, dem 3-jährig die Herrschaft über Sachsen-Jena zugefallen war, standen unter der Vormundschaft ihres Oheimes Herzog Johann Georg I. von Sachsen-Eisenach, an dessen Hof sie auch erzogen wurden. Herzog Johann

Georg I. war wohl ganz froh über die Heiratsabsichten des Weimarers, da ihm der kostspielige Unterhalt des Mädchens fortan erspart blieb. Außerdem war ihr Temperament nicht ganz einfach, ihre Launen strapazierten arg ihre Umgebung. Jegliche Warnungen dahin gehend aber schlug Herzog Wilhelm Ernst in den Wind. Er war fest davon überzeugt, den Charakter seiner Braut seinen Wünschen entsprechend formen zu können, während er gleichzeitig das Herzogtum ihres kleinen Bruders im Auge behalten würde.

Damit nahm das Schicksal seinen Lauf. Bereits neun Monate nach der Vermählung – nein, die Geburt eines Prinzen gab es nicht zu verkünden – schickte Wilhelm Ernst sein Weib entnervt zu ihrem ehemaligen Vormund nach Eisenach. Zwischenzeitlich suchte er fieberhaft nach einer geeigneten Hofmeisterin, die seine unreife Gemahlin zu einem »christfürstlichen stillen und sittsamen Leben und allen dergleichen Standes-Personen wohlanständigen Tugenden« erziehen sollte. Als Anfang 1685 mit Dorothea Catharina von Pflug eine geeignete Gouvernante gefunden worden war, durfte Charlotte Marie zurückkehren. Doch die pubertierende 15-Jährige revoltierte gegen jegliche Bevormundung. Ebenso wenig ertrug sie die durch ihren Gemahl befohlene fortwährende Überwachung ihrer Person. Die Charaktere der Eheleute waren einfach so gegensätzlich wie Feuer und Wasser. Sie: lebenslustig, temperamentvoll und frivol. Er: bigott, streng und machthungrig. Es waren nur wenige Wochen vergangen, da flehte Charlotte Marie ihren Eisenacher Oheim an, sie wieder an seinem Hof aufzunehmen. Derselbe mahnte sie postwendend, von diesem Vorhaben Abstand zu nehmen. Allerdings erreichte dieser Brief seine Adressatin nicht. Der Weimarer Herzog hatte ihn abfangen lassen.

Die ahnungslose Charlotte Marie begab sich also nach Eisenach, während ihr Gemahl Vorkehrungen für eine Scheidung traf. Die Schuldfrage lag freilich einzig bei der Herzogin, die ihn nicht nur böswillig verlassen hatte. Außerdem war es ihm bisher nicht möglich gewesen, die Ehe zu vollziehen, da sie bei verschiedenen Gelegenheiten »mehr als sich gebührt, Wein zu sich genommen« und »sich gar zu wiedrig erzeiget« habe. Letzteres klang eher fadenscheinig, denn es lag ganz und gar in der Hand des Herzogs, jederzeit die ehelichen Pflichten einzufordern, um für den Fortbestand des Hauses zu sorgen. Zumal Charlotte Marie mit weiblichen Rundungen reichlich ausgestattet war. Es existiert ein Stich, der sie mit Lorbeerkranz und Perlenketten im Haar zeigt. Das Auge des Betrachters wandert jedoch unwillkürlich auf das tiefe Dekolleté, das beachtliche Brüste enthüllt und auf eine starke Oberweite schließen lässt.

Herzogin Charlotte Marie von Sachsen-Weimar, Kupferstich eines unbekannten Künstlers.

Herzog Johann Georg I. von Sachsen-Weimar sah das Damoklesschwert des Skandals über das Haus Sachsen schweben und appellierte vehement an Herzog Wilhelm Ernst, seine Gemahlin wieder in Gnaden aufzunehmen. Der Weimarer antwortete jedoch mit einer Erpressung: Entweder ihm würden endlich die noch ausstehenden Ehegelder und Güter seiner Frau überschrieben – dann würde er Charlotte Marie wieder zu sich nehmen – oder der Eisenacher könne auch gleich den teuren Unterhalt der Herzogin finanzieren.

Unglücklicherweise erlitt Herzog Johann Georg I. im September 1686 einen Jagdunfall, an dessen Folgen er starb. Sein gleichnamiger Sohn setzte seine Politik zwar fort. Das Blatt hatte sich jedoch zugunsten des Herzogs Wilhelm Ernst von Sachsen-Weimar gewendet, da dieser jetzt Senior des Gesamthauses war. Er erhob sofort Anspruch auf die Vormundschaft über den jungen Bruder seiner (Noch-) Gemahlin, einschließlich der Herrschaft über das Herzogtum Sachsen-Jena. Um die Gemüter in Eisenach zu beruhigen, erklärte er sich bereit, Charlotte Marie wieder zu sich zu nehmen. Außerdem wünschte er seinen Neffen Johann Wilhelm an seinen Hof, um ihn auf seine zukünftige Aufgabe als Herzog von Sachsen-Jena vorzubereiten oder anders gesagt, entsprechend Einfluss auf ihn nehmen zu können.

Der schlaue Johann Georg II. jedoch durchkreuzte den perfiden Plan seines Verwandten, indem er Herzog Friedrich I. von Sachsen-Gotha-Altenburg als Vermittler berief. Nach etlichen Monaten war man übereingekommen, dass Charlotte Marie zusammen mit ihrem Bruder im fürstlichen Schloss zu Jena wohnen sollte. Außerdem stand es ihr frei, auf ihrem Gut Porstendorf zu residieren.

Charlotte Marie hatte es fast geschafft, ein selbstbestimmtes Leben zu führen. Fast, denn trotz der räumlichen Trennung unterließ es ihr Gemahl nicht, sie weiterhin zu kontrollieren. Das war offenbar auch notwendig, die mittlerweile 18-Jährige hatte nämlich nicht unbedingt an Reife gewonnen. In Porstendorf lebte sie in Saus und Braus und häufte in kürzester Zeit einen Berg Schulden an. Von ehelicher Ordnung noch von ehelicher Unterwerfung hielt sie nicht viel. Im Gegenteil. Durch ihren Umgang mit dem Jenaer Studenten Johann Otto Meurer spielte die sexuell ausgehungerte Herzogin ihrem stets misstrauischen Gemahl in die Hände.

Anfang des Jahres 1688 befahl der erboste Wilhelm Ernst eine Untersuchung zum »Unerlaubten Umgang der Herzogin mit einem Studioso«. Augen- und Ohrenzeugen wurden befragt, die eine Affäre bestätigen sollten. Da der junge Galan sich einer Befragung als auch einer Strafe rechtzeitig mittels Flucht entzog, wurde die delikate Akte alsbald geschlossen. Nach diesem Vorfall verschärfte Wilhelm Ernst einmal mehr die Überwachung seiner untreuen Gemahlin, die sich – mit reichlich Naivität ausgestattet oder tatsächlich mit Vorsatz – in die nächste Liebelei stürzte. Charlotte Maries Ruf war ohnehin gänzlich ruiniert, glaubt man den Aussagen wie die einer vornehmen Dame, wo es heißt, »die Herzogin von Weimar ließe offt Jungfern aus der Stadt holen und besähe und begriffe sie hinden und vorn, daß es Schande wäre, ...«.

Inzwischen war Wilhelm Ernst das Ansehen des Hauses Sachsen herzlich egal; er strebte nunmehr konsequent die offizielle Scheidung an. Zur Einleitung eines entsprechenden Verfahrens brauchte er indes die Zustimmung Charlotte Maries, die aber ohne materielle Absicherung nicht bereit war, einzuwilligen. Daher ersann der Herzog eine List, wie er sein untreues Eheweib in seine Fänge bekäme; getreu der Devise: Und bist du nicht willig, so gebrauch ich Gewalt.

Herzog Wilhelm Ernst von Sachsen-Weimar,
Kupferstich eines unbekannten Künstlers.

Am 23. Oktober 1689 bat der Herzog Charlotte Marie um ein Treffen. Auf eine längst überfällige Versöhnung hoffend, antwortete sie ihm umgehend, dass er sie »auß meinen ehlenden Zustand erleßen [erlösen] wollen, ich bin vor großen Freiden fast confous...«. Die Kutsche mit der erwartungsfrohen Herzogin fuhr am 30. Oktober nach Weimar. Kaum hatte sie das Schloss betreten, schlossen sich die Tore. Die Wachtposten bezogen Stellung. Die 20-jährige Herzogin von Sachsen-Weimar war eine Gefangene ihres Gemahls. Die Wachen hatten strikte Anweisung, sie bei jeglichem Fluchtversuch mit Gewalt in ihr Gemach zurückzudrängen. Und um sie vollends von der Außenwelt zu isolieren, wurde ihr sogar Tinte und Papier verwehrt.

Die skandalöse Festsetzung Charlotte Maries sprach sich trotz aller Vorkehrungen Wilhelm Ernsts rasch an den europäischen Höfen herum. Das Verständnis für das skrupellose Handeln des Herzogs hielt sich in Grenzen. Dieser hatte unmittelbar nach Charlotte Maries Gefangennahme die Scheidungsklage eingereicht. Zunächst strebte er danach, seine Gemahlin des Ehebruchs zu überführen, was aber mangels Beweisen in eine Sackgasse führte. Schließlich berief er sich auf ihren jugendlichen Charakter vor der Eheschließung, »stöckicht« und »hartsinnig« habe sie auf seinen Antrag hin »weder ja noch nein dazu gesagt«. Zudem sei die Ehe nie vollzogen worden. Das Drama steuerte schließlich endlich einem Ende zu, da die Isolierung Charlotte Maries ihre Wirkung zeigte: Sie begehrte nun ebenso heftig eine Scheidung. Diese wurde am 23. August 1690 per Urkunde besiegelt.

Herzog Wilhelm Ernst als auch Charlotte Marie stand es frei, sich wieder zu vermählen. Doch machten sie zeitlebens keinen Gebrauch von einer Wieder-verheiratung.

Für Charlotte Marie entwickelten sich die folgenden Jahre als eine wahrhafte Odyssee. Nachdem ihr Bruder Johann Wilhelm im November 1690 überraschend gestorben war, kämpfte sie erfolglos um einen Anteil seiner finanziellen Hinterlassenschaft. In ihren intensiven Bemühungen um die Zuweisung eines entsprechenden Unterhalts wurde sie zum Spielball ihrer ernestinisch-sächsischen Verwandten, die sich Sachsen-Jena untereinander aufteilten.

Verschuldet bis über beide Ohren, war sie gezwungen Gut Porstendorf (1694) als auch viele Gewänder und Schmuckstücke zu veräußern. 1695 wies man ihr das Schloss zu Tonna als Residenz zu. Ruhelos zog sie es aber nach Erfurt, wo sie ihren Wohnsitz in einem »gemeinen Haus« nahm. In Erfurt stand sie unter dem Schutz des Mainzer Erzbischofs und Kurfürsten und war vor den Häschern ihres Ex-Mannes sicher. Seit Dezember 1691 existierte nämlich ein Befehl, sie wegen ihrer »üblen und unfürstlichen conduite in sichere Verwahrung zu bringen.« Als sie sich im Herbst 1697 nach Frauenroda begab, das zum ernestinischen Gebiet gehörte, fackelte Herzog Wilhelm Ernst nicht mehr länger. Am 8. September um vier Uhr in der Früh ließ er seine Ex-Frau im Bett verhaften und auf die Wartburg verbringen.

Es klingt unglaublich, aber es ist dennoch war. Charlotte Marie gelang mithilfe von vier tapferen Soldaten die Flucht von der Wartburg! In den verbleibenden Lebensjahren kämpfte sie weiterhin um finanzielle Ansprüche, selbst den Kaiser rief sie um Unterstützung an. Vergebens. Ausgelaugt, müde und verarmt starb Charlotte Marie am 6. Januar 1706 mit 36 Jahren in Tonna einen unzeitigen Tod.

Kriegerische Folgen eines
Rangstreits unter Hofdamen

DER ANLASS DES Wasunger Krieges war grotesk. Zwei Hofdamen lieferten sich wie zickige kleine Mädchen einen Rangstreit an der Tafel. Als Urheberin gilt Wilhelmine von Pfaffenrath, wie auf einem Schild an der Alten Posthalterei in Meiningen zu lesen ist. Der Herzog aber setzte ihre Gegnerin, die Gräfin von Gleichen, in Gefangenschaft. Diese wusste sich zu wehren und entfachte damit einen der letzten sogenannten Kabinettkriege.

Erzählt man die Geschichte des Wasunger Krieges, kommt man an Herzog Anton Ulrich von Sachsen-Meiningen, einem streitbaren Charakter, nicht vorbei.

Anton Ulrich, geboren am 22.10.1687 als jüngster Sohn des Herzogs Bernhard I. von Sachsen-Meiningen, hatte zunächst keine Aussicht, jemals die alleinige Herrschaft zu erlangen. Als Nachgeborener schlug er die für seinen Stand übliche militärische Laufbahn ein und hielt sich überwiegend außer Landes auf. Dies hinderte ihn, nach dem Tod seines Vaters seinen Anspruch auf die Mitregierung rechtzeitig durchzusetzen. Da in Meiningen das Erstgeburtsrecht nicht galt, so sollten die drei überlebenden Söhne Ernst Ludwig, Friedrich Wilhelm und Anton Ulrich gemeinschaftlich herrschen. Der nach absoluter Macht trachtende Ernst Ludwig allerdings einigte sich schnell mit seinem mittleren Bruder Friedrich Wilhelm, nur Anton Ulrich war nicht willens, seinen Verzicht zu erklären. Und so entbrannte in Meiningen ein sich Jahre hinziehender hässlicher Streit.

Herzog Anton Ulrich von Sachsen-Meiningen,
Kupferstich von Johann Martin Bernigeroth, 1760.

Währenddessen wandelte Anton Ulrich auf Frei-
ersfüßen. Doch nicht eine Dame von Geblüt hatte sein
Herz erobert, sondern die Tochter eines hessischen
Hauptmanns namens David Cäsar. Sein früher Tod
hatte seine Witwe Dorothea Sofie gezwungen, mit
ihren beiden Töchtern Sophie Charlotte und Philippine Ernestine nach Meiningen zu gehen, wo sie am
herzoglichen Hof in den Dienst trat. Während die
ältere Tochter Sophie Charlotte nach ihrer Heirat mit
dem herzoglichen Kapellmeister Georg Caspar Schur-
mann den Hof verließ, blieb die Jüngere als Kammer-
zofe von Anton Ulrichs Lieblingsschwester Elisabeth
Ernestine Antoine, nachmalige Äbtissin von Gandersheim, zurück und gewann die Zuneigung des jüng-

sten Meininger Prinzen. Obwohl die Liasion keine große Zukunft verhieß, heiratete Anton Ulrich zwischen 1709 und 1713 in Amsterdam seine große Liebe. Jahr um Jahr schenkte die ihm in aller Heimlichkeit Angetraute ein Kind, 1723 erblickte der zehnte und letzte Spross das Licht der Welt.

Anton Ulrich aber hatte sich durch seine Missheirat selbst ausmanövriert. Der Haussegen der herzoglichen Familie in Meiningen hing nach Publikwerden des Fauxpas gehörig schief. Sogar seine Mutter, Elisabeth Eleonore von Braunschweig-Wolfenbüttel, wandte sich von ihm ab. Nur seine Schwester, die Äbtissin von Gandersheim, unterstützte ihn nach Kräften. Ein immenser Schuldenberg und die Nichtduldung seiner Frau und Kinder lasteten schwer auf Anton Ulrich, der seine Zeit lieber mit der Sammlung von Kunstschätzen und Literatur verbracht hätte. Da starb 1724 sein Bruder Herzog Ernst Ludwig I., mit dem es zu keiner Aussöhnung mehr gekommen war, und das Regierungskarussell drehte sich von Neuem. Anton Ulrich ergriff seine Chance und wurde nicht müde, beim Kaiser einerseits die Mitvormundschaft für seine Neffen Ernst Ludwig und Karl Friedrich als auch die Mitregierung zu erwirken, und andererseits die Standeserhöhung seiner Frau und die Erbberechtigung seiner noch lebenden vier Töchter und zwei Söhne zu erbitten. Nach drei Jahren Kampf hatte er sich endlich durchsetzen können, wodurch er seine intolerante Verwandtschaft jedoch einmal mehr gegen sich aufbrachte. Philippine Ernestine und ihre Kinder, die 1729 endlich nach Meiningen kommen durften, wurden gleich der Dienerschaft unter dem Dach des Schlosses einquartiert und sahen sich ständiger Kränkungen ausgesetzt. Darüber hinaus zog es ihr Mann vor, außer Landes zu leben, was die bereits vorhandene Entfremdung zwischen den Eheleuten weiter forcierte. Dass das Urteil der Standeserhöhung einschließlich der Sukzessionsfähigkeit 1744 aufgrund eines neu hinzugefügten Paragrafen in der kaiserlichen Wahlkapitulation von 1742 zurückgenommen wurde, musste Philippine Ernestine glücklicherweise nicht mehr erleben. Wenige Wochen zuvor, am 14.08.1744 war sie nach schwerer Krankheit in Meiningen gestorben.

Schließlich kam Anton Ulrich am 9.3.1746 doch noch zur alleinigen Regierung, da nicht nur seine Neffen Ernst Ludwig II. (1729) und Karl Friedrich (1743) starben, sondern auch Herzog Friedrich Wilhelm kinderlos verschied. Letzterer hatte seinerzeit in einer gehässigen Laune die Bestattung von Philippine Ernestine Cäsar in der Fürstengruft verweigert und den Sarg im Gewölbe des Meininger Schlosses mit Sand überschütten lassen – nun rächte sich Herzog Anton Ulrich, indem er den Sarg mit den sterblichen Überresten seines Bruders neben den seiner verstorbenen Frau aufstellte und ebenfalls mit Sand bedeckte.

Bereits ein Jahr später gab es wieder allerhand Unruhen im Herzogtum, die sich sogar zu einem Kleinkrieg ausweiteten.

Wilhelmine, Tochter des Grafen Friedrich Wilhelm von Solms-Lich und der Gräfin Wilhelmine Magdalene von Isenburg-Birstein, hatte sich unsterblich in den Kanzleisekretär ihres Vaters Justus Hermann Pfaffenrath, genannt Sonnenfels, verliebt. Die unwürdige Affäre der Grafentochter wurde alles andere als goutiert. Pfaffenrath verlor sein Amt und setzte sich nach Wien ab, wohin ihm seine adlige Geliebte folgte. 1746 wurde das ungleiche Paar in Ungarn getraut, und Wilhelmine ersuchte am Hof von Sachsen-

Meiningen, wo ihre jüngere Schwester Henriette Auguste in Diensten stand, um wohlwollende Aufnahme. Sie wusste den Herzog für ihre Herzensangelegenheit tatsächlich für sich einzunehmen – er zeigte durchaus Verständnis für ihre Nöte, denn schließlich hatte auch er eine unstandesgemäße Ehe geschlossen.

Dies alles hätte vielleicht nicht sonders Aufhebens gemacht, wenn der Herzog nicht seinen neuen Günstling Pfaffenrath zum Hof- und Regierungsrat erhoben und obendrein seine Gemahlin den Rang vor all den anderen Damen des Hofes erteilt hätte. Dies säte böses Blut. Insbesondere Christiane Auguste Gräfin von Gleichen, die Gemahlin des Landjägermeisters Johann Ludwig von Gleichen, fühlte sich in ihrer Ehre brüskiert. Bei einem Abendessen war sie vor vollendete Tatsachen gestellt worden. Die Pfaffenrath betrat als Erste den Speisesaal, obwohl laut Protokoll die Gleichen die rangälteste Hofdame war. Die Gleichen rauschte erbost zum Minister von Pfau und drohte, dass sie die Pfaffenrath »mit Aufopferung ihres Reifrockes zurückziehen und ihr ein paar Worte sagen, welche sehr verdrießlich werden könnten«, falls diese es wagen sollte, am Ende der Tafel die Schmähung ihrer Person zu wiederholen. Der Minister schlug ihr daraufhin gelassen und kühl vor, den Saal doch einfach noch vor dem üblichen Schlussgebet zu verlassen.

Die düpierte Gräfin von Gleichen war entschlossen, den skandalösen Affront nicht unwidersprochen auf sich beruhen zu lassen. Mit Nachdruck protestierte sie gegen die angeordnete Unverschämtheit ihres Landesherrn, entfachte mit ihrer undevoten Haltung aber nur sein hitziges Temperament. Der Herzog verbannte die Gräfin von Gleichen zunächst vom Hof. Als diese aber einen Spottvers über ihre Feindin und deren Schwester in Umlauf brachte, war es mit der Geduld Anton Ulrichs vorbei. Er ließ die Gräfin von Gleichen als auch ihren Gemahl verhaften. Gemäß Urteilsspruch sollte sie sich bei der geschmähten Pfaffenrath entschuldigen. Da sich die Gleichen weigerte, ließ Herzog Anton Ulrich die Spottschrift in ihrem Beisein durch einen Henker öffentlich verbrennen und die impertinente Dame anschließend wieder in Gewahrsam nehmen. Daraufhin wandte sich die Gräfin von Gleichen nun mit Hilfe einflussreicher Freunde an das Reichskammergericht und bekam Recht. Der Meininger Herzog aber war ein Mann, der zu seinem Wort stand und seinen Prinzipien treu blieb. Und so geschah es, dass er stur das hohe Urteil missachtete. Er ließ sogar den Kammergerichtsboten aus dem Haus werfen. Daraufhin erging der Befehl des Gerichts an Herzog Friedrich III. von Sachsen-Gotha, die Gefangenen zu befreien und unter seinem Schutz zu stellen.

Herzog Friedrich III., der mit seinem eigensinnigen Vetter ohnehin nicht auf gutem Fuße stand, entsandte zunächst zwei Hofräte und 30 Reiter. Als diese vor dem Meininger Stadttor schimpflich fortgejagt worden waren, rückte ein stärkerer Trupp an die Landesgrenze vor. Der Meininger blieb derweil nicht untätig, und ließ ebenfalls seine Mannen aufmarschieren. Und so kam es am 12.02.1747 bei Niederschmalkalden zu einem militärischen Zusammenstoß, bei der ein Meininger Leutnant sein Leben ließ. Die siegreichen Gothaer durchbrachen die Linie und standen bereits am nächsten Tag vor Wasungen. Sie stürmten die Stadt und entwaffneten die Miliz. Unter diesem militärischen Druck schenkte Anton Ulrich dem Gleichenschen Paar seine Freiheit zurück, ohne jedoch seinen Standpunkt aufzugeben noch seinem Vetter aus

Die Alte Posthalterei in Meiningen.
Wohnsitz Wilhelmine von Pfaffenraths, Postkarte.

Gotha seine angefallenen Kosten der Rettungsaktion zu erstatten. Das Reichshofkammergericht blieb über die Monate hinweg weiterhin schwer mit den Streitigkeiten der ernestinischen Wettiner beschäftigt, die sich 1748 auch noch durch die ungeklärte Vormundschaftsfrage im Hause Sachsen-Weimar-Eisenach in die Haare kriegten. Erst durch die Vermittlung Preußens konnte der Konflikt beigelegt werden, wobei der Meininger Herzog seinen Anspruch auf die Regentschaft über den minderjährigen Ernst August II. Konstantin von Sachsen-Weimar-Eisenach seinem Gothaer Vetter überließ, während dieser seine Truppen abzog und auf die Kostenrückerstattung verzichtete.

Man kann sich vorstellen, welch besonderes Vergnügen es Anton Ulrich wohl bereitet hat, seinen gierigen Vettern, die kaum seinen Tod erwarten konnten, um Sachsen-Meiningen unter sich aufteilen zu können, ein Schnippchen zu schlagen: 1750 vermählte sich der 63-Jährige nämlich erneut, dieses Mal standesgemäß mit Prinzessin Charlotte Amalie von Hessen-Philippsthal, der geistreichen Tochter des Landgrafen Karl. Der Altersunterschied war mit 43 Jahren immens. Gleichwohl fehlte es dem Herzog nicht an Manneskraft – vier Prinzen und vier Prinzessinnen hielten in der Kinderstube Einzug. Sogar nach seinem Tod, der ihn am 27.1.1763 in seiner Wahlresidenz Frankfurt am Main ereilte, verärgerte er seine geliebte Verwandtschaft, da er testamentarisch seine kluge Gemahlin als Regentin und Obervormünderin ihrer Söhne Karl und Georg (I.) eingesetzt hatte. Auch hier klirrten kurzzeitig die Waffen und es floss Blut, letztendlich erwies sich die durch den Kaiser bestätigte Regentin Charlotte Amalie aber als Retterin, die das wirtschaftlich und finanziell am Abgrund stehende Meininger Herzogtum durch Reformen und ein von ihr entwickeltes striktes Sparprogramm zurück zur Blüte führte.

Ein Hochstapler unter Freimaurern

DAS LEBEN DES aus dem Thüringischen stammenden Johann Samuel Leuchte alias Georg Friedrich von Johnson könnte durchaus einem Abenteuerroman entlehnt sein. Mit einer falschen Identität gelang es ihm, bis in die höchsten Kreise Zutritt zu erhalten. Er umgarnte den Kaiser, prellte den Fürsten von Anhalt-Bernburg um seine Gold- und Silberservice, gab sich als Mönch und sogar als Prätendent der englischen Krone aus. Zuletzt gewann er in Jena die Ohren der Mitglieder des Freimaurerordens, von denen er sich finanzieren ließ, und lockte sie mit großen Versprechungen in seine Fänge.

Im Vergleich zu Cagliostro erscheint Johnsons Name bislang nur als eine Randfigur in der Geschichte. Allein die Schreibweise seines Pseudonyms variiert von Johnssen, Johnson bis Johnson-Fünen. Seine wahre Herkunft konnte bis heute nicht zweifelsfrei belegt werden. Man geht davon aus, dass er um 1728 als Johann Samuel Leuchte, vermutlich in Thüringen, das Licht der Welt erblickte. In seiner Jugend diente er wohl in der sächsischen Armee, ehe er desertierte und ab Anfang der 1750er Jahre sich verschiedene Persönlichkeitsmäntel überschwang. So tauchte er allein 1752 mit mindestens drei unterschiedlichen Namen auf: Martin in Prag und Wien, de Bousch oder Despoches in Bayern und als Baron von Rexin in Straßburg. Nachdem er in Innsbruck beim Fälschen eines Wechsels erwischt worden war, wurde er eine geraume Weile in ein Halseisen gesteckt. Kaum in Freiheit gelangt, trat er als Benediktinermönch in Erscheinung und sorgte in dieser gottesfürchtigen

Verkleidung in mehreren süddeutschen Klöstern für allerhand Unruhe.

Johnsons Leben glich einem Tanz auf dem Drahtseil, von dem er augenblicklich herunterzufallen drohte. Tatsächlich wurde er Ende 1756 von jemandem erkannt, der ihn einst in Innsbruck im Halseisen gesehen hatte. Der falsche Pater Kasimir wurde verhaftet und im März 1757 zu einer 10-jährigen Galeerenstrafe verurteilt. Die Torturen dieses Schicksals hätte so manchen Mann gebrochen, wenn nicht gar getötet. Johnson überlebte aber nicht nur die Pocken, deren Narben sein Gesicht nahezu entstellten. Ihm glückte sogar die Flucht.

In Bernburg schlug Johnson ein neues Kapitel seines Abenteurerlebens auf. Nachdem er als Johann Samuel Leuchte eine Stelle als Jägerbursche am Hofe des Fürsten von Anhalt-Bernburg ergattert hatte, gelang es ihm mit Schlauheit und Tücke, eine Audienz bei seiner Durchlaucht zu erhalten und ihn, wie seinerzeit den Kaiser in Wien, davon zu überzeugen, den Stein des Weisen herzustellen. Mag sein, dass Fürst Viktor Friedrich ihn durchschaute und ein abwechslungsreiches Amüsement erwartete – jedenfalls schlug er alle Warnungen der Räte in den Wind und stattete den selbst ernannten Meister mit Geld und Pöstchen aus.

Vielleicht gedachte Johnsons alias Leuchte eine Zeit lang, sein Lügenleben aufzugeben und stattdessen sesshaft zu werden, denn 1758 trat er mit Sophie Christiana Jacobi in den Ehestand und zeugte mit ihr zwei Mädchen. Doch der Drang nach gefahrvollen Situationen war stärker. In Gernrode hatte er sich auf Kosten des Fürsten eigens ein Gebäude errichten lassen, wo er angeblich Gold und Silber herstellen wollte. Seinen gutgläubigen Fürsten machte er weis, dass es so fein sein würde, dass er es mit geringeren Gold- und Silberbestandteilen versetzen müsse. Der erwartungsvolle Fürst sandte ihm spontan all sein Gold- und Silbergeschirr – und Johnson verschwand damit, jedoch nicht auf Nimmerwiedersehen. Man wurde seiner habhaft und brachte ihn vor den betrogenen und bestohlenen Fürsten, dessen Urteil mit einer Prügelstrafe doch erstaunlicherweise milde ausfiel.

Im Laboratorium eines Alchemisten,
Kupferstich David Teniers des Jüngeren.

Nach einem Intermezzo in der sächsischen Armee, wo Johnson sich gleichfalls durch die angebliche Errichtung eines Korps höhere Geldsummen hatte erschleichen wollen, tauchte er in Hamburg auf und trat dort in den Dienst des Erbprinzen Friedrich Albrecht von Anhalt-Bernburg. Der Sohn seines früheren Herrn, der offenbar nichts vom kriminellen Vorleben Johnson kannte, ernannte diesen tatsächlich zu seinem Sekretär. In dieser Eigenschaft schloss Johnson im Namen des Prinzen allerhand Geschäfte ab und wirtschaftete natürlich großzügig in seine eigene Tasche. Als man ihm auf die Schliche kam und per Haftbefehl suchte, trugen ihn seine Beine flugs in die preußische Armee, wo er den Rang eines Rittmeisters bekleidete.

Nach dem Ende des Siebenjährigen Krieges schmiedete Johnson neue Pläne. Inzwischen agierte er nicht mehr allein. An seiner Seite befand sich Franz von Prangen, ein württembergischer Rittmeister, dessen Bekanntschaft er 1758 bei einem Aufenthalt in Jena gemacht hatte. Während des Krieges hatte Prangen in der preußischen Festung in Magdeburg gesessen, wo er in die Militärloge »La Parfaite Union« eintrat und verschiedene Hochgrade erlangte. Er war es offenbar, der Johnson in die Geheimnisse der Freimaurer eingeweiht hatte.

Die Freimaurerei hatte inzwischen eine lange Tradition. Ursprünglich verstand man unter einem Freimaurer einen in die Geheimzeichen der Bauhütten eingeweihten Steinmetz. Die ersten Bruderschaften, sogenannte Logen, entstanden im 15. und 16. Jahrhundert. Zu ihren Mitgliedern gehörten Männer aus den unterschiedlichsten sozialen Schichten; weder politische Motive noch der religiöse Glaube spielten eine Rolle. In London schlossen sich am 24.06.1717 vier Logen zu einer Großloge zusammen. Das Beispiel machte in Europa Schule. Die in Holland, Frankreich, Deutschland und anderswo gegründeten

Logen fanden schnell Zulauf. Während Papst Clemens XII. eine Gefährdung in den geheimen Bruderschaften sah und den Bannfluch verhängte, galt der spätere preußische König Friedrich der Große seinerzeit als prominentester Freimaurer. Unter der 1744 gegründeten Großloge »Zu den drei Weltkugeln« in Berlin waren viele deutsche Bruderschaften versammelt, darunter die Johannisloge »Zu den drei (goldenen) Rosen« in Jena, wo Johnson nunmehr ein neues betrügerisches Betätigungsfeld sah.

Im September 1763 erschien Johnson mit einem vierköpfigen Gefolge in Jena. Er, der fünf Jahre zuvor bei einem Besuch in Jena noch als Sekretär des Bernburger Fürsten aufgetreten war, besaß den Schneid, sich nun als Großprior des hohen Ordens der Tempelherren zu Jerusalem zu präsentieren. Er sei gesandt, so verkündete er, alle Logen einer Reform zu unterziehen. Johnson muss ein Charisma und eine rhetorische Begabung besessen haben, durch die er seine Umgebung komplett hypnotisierte und für sich einnahm. Männer von Rang und Namen, sei es Jakob Friedrich Freiherr von Fritsch, seines Zeichen Minister in Weimar und seit 1762 Meister vom Stuhl in der Jenaer Loge, oder auch der Jenaer Arzt August Heinrich Ludwig von Teichmeyer und der Amtsadvokat Georg Laurentius Batsch hingen an seinen Lippen, was zeigt, dass Bildung allein vor Torheit nicht schützte. Die Crème de la crème glaubte dem Scharlatan, scharte sich um ihn und ließ sich zum Ritter schlagen. Johnson wiegte sich in absoluter Sicherheit, was ihn unvorsichtig werden ließ. Zielstrebig trieb er die Trennung der Jenaer Bruderschaft von der Berliner Mutterloge voran und ließ im November demonstrativ in einem feierlichen Akt die Konstitutionsakte verbrennen. Mit dieser Handlung düpierte er den ungefragten Fritsch, der sich in seiner Macht als Meister von Stuhl beschnitten sah. Er distanzierte sich von Johnson und wartete auf seine Stunde.

Im Dezember 1763 berief Johnson einen Konvent in Altenberga (bei Kahla) ein, in dem er Großes zu verkünden gedachte. Freimaurer aus ganz Deutschland machten sich auf den Weg, darunter auch der »Großmeister« Carl Gotthelf von Hund, den Johnson mit der Zusage angelockt hatte, sämtliche Brüder würden sich ihm unterwerfen. Hund träumte schon seit Langem davon, den Templerorden – der 1312 durch Papst Klemens offiziell aufgelöst worden war, während der französische König Philipp IV. der Schöne den Reichtum des Ordens in seine Schatztruhe fließen ließ und 1314 den Großmeister Jacques de Molay auf den Scheiterhaufen schickte – wieder auferstehen zu lassen. Der Krieg hatte seine Bemühungen jedoch daran gehindert.

Johnson begab sich bereits Anfang Mai 1764 nach Altenberga, wo ihm das Gut des geheimen Rats von Schwarzenfels zur Verfügung stand. Die um ihn versammelten Ritter mussten sich hier an ein von ihm erdachtes strenges Reglement halten. Indem er vorgab, der König von Preußen trachte nach seinem Leben, ließ er die Ritter, wann immer es ihm beliebte, exerzieren und für den bevorstehenden Kampf trainieren. Vor seinem Schlafgemach postierte er zwei Wachen, während die anderen Ritter sich in voller Uniform schlafen zu legen hatten.

Der hohe Gast, Heermeister von Hund, verspätete sich um ganze elf Tage, sodass der Konvent erst am 26. Mai eröffnet werden konnte. Johnson legte in seiner Rede vor den versammelten Kapiteln aus Dresden, Leipzig, Halle, Braunschweig, Rostock, Stuttgart und Vertretern aus Prag, Wien, Warschau, Dänemark und Schweden dar, dass die Anhänger des Templerordens sich unter dem Deckmantel der Freimaurerei über die Jahrhunderte versteckt hätten und es jetzt an der Zeit sei, »den Freimaurerorden so weit auszubreiten und so mächtig zu machen, dass er wieder öffentlich als Miliz des Templers auftreten könne«. In einer theatralischen Geste schritt Hund, in eine schwere Ritterrüstung gehüllt, vor Johnson, fiel auf die Knie und huldigte den »Abgesandten der Oberen«. Woraufhin Johnson Hund in all seinen Rechten bestätigte und alle Anwesenden mahnte, ihrem Heermeister gehorsam und ergeben zu sein.

Beförderung von Gesellen im Freimaurerorden,
Kupferstich um 1745.

In den folgenden Tagen diskutierte man viel über finanzielle Dinge. So sollte etwa jedes Mitglied sich verpflichten, sein Vermögen dem Orden zu vermachen. Gespannt erwarteten die Brüder die große Offenbarung Johnsons, Gold herzustellen und dem Orden unheimlichen Reichtum zukommen zu lassen. Allein der Tag kam nicht. Die Brüder wurden allmählich unruhig, und Johnson nahm jeden Einzelnen zur Seite, um ihm das Blaue vom Himmel zu versprechen. Der eine oder andere wendete sich von ihm ab und schenkte statt seiner Baron Hund das Vertrauen. Hinter den Kulissen wurden Erkundigungen über Johnsons Vorleben eingeholt, insbesondere der Sekretär von Bechtolsheim ersann einen Plan, um den Groß-Prior zu Fall zu bringen. Am 05.06.1764 forderte er vor den versammelten Rittern, Johnson möge sich endlich hier und jetzt legitimieren und seine vielen Versprechungen erfüllen. Derselbe erbat sich eine 24-stündige Frist, um die nötigen Papiere aus Jena zu holen, und suchte sein Heil wieder einmal in der Flucht.

Das ganze Ausmaß von Johnsons Betrug wurde erst später offenbar. Viele Brüder hatten sich bis über beide Ohren verschuldet, um seinen unter Vier Augen besprochenen finanziellen Forderungen zugunsten des Ordens nachzukommen. Amtsadvokat Batsch beispielsweise erklärte seinen Bankrott. Der Skandal hatte solch ein Ausmaß erreicht, dass die Jenaer Loge aufgelöst und im Juni 1764 in Weimar als Loge »Anna Amalia« neu gegründet wurde.

Johnson gelang es nicht mehr, Fuß zu fassen. Nach einer Irrreise zwischen Nürnberg, Frankfurt, Worms, Berlin und weiteren Orten versuchte der inzwischen Mittellose bei seinem Schwager in Bernburg Hilfe zu erbitten. In Alsleben stieg er am 21.02.1765 als

Weinhändler in einer Schenke ab, konnte aber die Zeche nicht begleichen. Nachdem ein Bote aus Bernburg ihn aus der Misere geholfen hatte, machte er sich wieder auf den Weg. Bei einer Kontrolle wurde er jedoch von preußischen Soldaten arrestiert, da er sich nicht ausweisen konnte. Als seine Verhaftung in Jena und Weimar publik wurde, unternahm Jakob Friedrich von Fritsch alles in seiner Macht stehende, um Johnson in das Weimarer Herzoggebiet überführen zu lassen. Unter allen Umständen wollte er weiteren Schaden vom Orden abwenden.

Am 21.04.1765 bezog Johnson ohne Verhör und Prozess seine Zelle auf der Wartburg – nach mehreren Quellen soll es die Lutherstube gewesen sein. Den Unterhalt seiner Haft finanzierte Fritsch zunächst aus seiner Privatschatulle, ehe der Orden dafür aufkam.

Obwohl ihm offiziell – von Herzogin Anna Amalia höchstselbst angeordnet – Tinte, Feder und Papier verwehrt waren, nutzte Johnson seine Haft, um eine Rechtfertigungsschrift zu verfassen und sie in Deutschland verbreiten zu lassen. Auch an einer Flucht arbeitete er – eine Visitation seiner Zelle brachte 1771 eine Strickleiter zu Tage. Am Ende starb er aber einsam und von allen ehemaligen Weggefährten verlassen – selbst von seiner Frau, die ein Verhältnis mit Johnsons Kompagnon Franz von Prangen eingegangen war, hörte er nichts mehr – am 03.05.1775 und wurde gleich andern Tags eilig auf dem Gottesacker verscharrt.

Die Dunkelgräfin

ZWISCHEN 1807 BIS zu ihrem Tod 1837 lebte in Hildburghausen eine Dame, die stets verschleiert in Begleitung eines vornehmen Herrn in Erscheinung trat. Wer war die Frau, deren Gesicht niemand sehen durfte? Verbarg sich hinter dem Schleier nur die heimliche Geliebte des nicht weniger geheimnisvollen »Dunkelgrafen« oder etwa doch Madame Royale, die Tochter der Königin Marie Antoinette?

2012 beantragte der Mitteldeutsche Rundfunk (MDR) in Vorbereitung einer Dokumentation die Exhumierung der »Dunkelgräfin«, um mittels einer DNA-Analyse das Geheimnis ihrer Herkunft zu lüften. Der Aufruhr in der Öffentlichkeit war groß. Die empörten Bürger der Kleinstadt initiierten ein Bürgerbegehren, um eine Exhumierung der Gebeine zu verhindern.

Dunkelgraf und Dunkelgräfin – diese Begriffe sind eine Schöpfung des Schriftstellers Ludwig Bechstein, dessen Roman »Der Dunkelgraf« 1854 erschien. Das sonderbare Leben des Paares von Hildburghausen respektive Eishausen beschäftigte aber nicht nur die Nachwelt, sondern auch schon die Zeitgenossen.

Doch ehe wir versuchen, den Schleier der Dunkelgräfin zu lüften, wollen wir die Identität ihres Beschützers lichten. Sein Name steht nämlich zweifelsfrei fest: Leonardus Cornelius van der Valck, geboren am 22.9.1769 in Amsterdam als Sohn des Kaufmanns Adriannus Leendertsz van der Valck und der Maria Johanna van Moorsel. Er besuchte das Gymnasium in Köln und nahm 1789 an der Universität Köln ein Jurastudium auf, das er 1791 in Göttingen erfolgreich abschloss. Nach einem Aufenthalt in Paris erwarb er einen Offiziersposten in der französischen Revolutions-Armee und kämpfte unter anderem in Mainz. 1794 geriet er in preußische Kriegsgefangenschaft, die drei Jahre währte. 1798 war er zurück in Paris, hängte seine Militärkarriere an den Nagel und wurde Gesandtschaftssekretär seines Heimatlandes. Als ihm der Tod seiner geschätzten Großmutter ein ansehnliches Vermögen bescherte, das ihm finanzielle Unabhängigkeit verlieh, gab er sein Amt mit dem Hinweis auf seine angeschlagene Gesundheit umgehend auf.

Van der Valck, Miniatur um 1798.

Zwischen 1799 und 1801 hielt er sich immer wieder auf deutschem Boden auf, was mehrere Einträge in

seinem, vom holländischen Außenministerium aus-
gestellten Pass belegen, so etwa in Leipzig, Gotha,
Weimar, Jena und Schweinfurt. Ob er sich damals
schon in weiblicher Begleitung befand, lässt sich nicht
mehr mit Bestimmtheit sagen. Nachweisbar ist jedoch
sein Aufenthalt im Herbst 1803 in Ingelfingen, wo er
und eine Dame das Obergeschoss der Hofapotheke
mieteten. Der Herr nannte sich Louis Charles Vavel
de Versay (man vergleiche bei dem Pseudonym die
Anfangsbuchstaben seines richtigen Namens Leonardus Cornelius van der Valck). Der Name der Dame,
die nur mit einem Schleier und einer grünen Brille in
Erscheinung trat, war unbekannt. Aber aufgrund
ihres ungewöhnlichen Auftretens erinnerte man sich
später noch an sie.

Zu Beginn des Frühjahrs 1804 verließ das seltsame
Paar nachts um 2 Uhr die Stadt. Es wechselte offenbar
in den folgenden Monaten mehrmals seinen Aufenthalt: Neuwied, Linz und Wien gehörten zu seinen
Stationen, zuletzt Meiningen. Da van der Valck es
aber ablehnte, sich auszuweisen, blieb dem Paar die
Residenzstadt als Wohnort verwehrt. Am 7.2.1807
erreichte seine Kutsche Hildburghausen. Unkontrol-
liert passierte sie das Stadttor. Nach Mitternacht hielt
die Kutsche vor dem Hotel »Englischer Hof« am
Hildburghäuser Markt. Hier war für das vornehm
erscheinende Paar »Vavel de Versay« bereits durch
den Hofkommissionär und Senator Johann Carl
Andreä die zweite Etage gemietet worden. Ein halbes
Jahr später bezog das Paar das herzogliche Gästehaus
Am Markt, im Frühjahr darauf mietete es das am
Stadtrand gelegene Radefeldsche Haus.

Zwischen 1808 und 1810 unternahmen van der
Valck und seine stets verschleierte Begleiterin mehr-
tägige Reisen. Im September 1810 dann eine Wen-

dung: Van der Valck mietete das wenige Kilometer von Hildburghausen entfernte Schloss Eishausen vom Senator Andreä, der es wiederum vom Hildburghäuser Hof gemietet hatte. Das dreistöckige Gebäude mit 88 Fenstern blieb bis zu ihrem Tod der Wohnsitz van der Valcks und seiner Begleiterin. Nur gelegentlich verließen sie ihre selbstgewählte Einsiedelei, etwa zu Spazierfahrten. Van der Valck korrespondierte fast täglich mit dem Eishausener Pfarrer Heinrich Kühner, ohne ihm jedoch jemals persönlich zu begegnen. Überhaupt duldete der Herr nur wenige Personen in seiner unmittelbaren Umgebung. Zu diesem engen Kreis gehörte etwa die seit 1809 in seinem Dienst stehende Köchin Johanna Weber. Sie hatte mit van der Valcks alterndem Kutscher Johann Philipp Scharr, der seinem Herrn schon Jahre zur Seite stand, eine Affäre. Aus der Verbindung gingen zwei Kinder hervor, Philipp und Katharina Dorothea. Van der Valck nannte das 1813 geborene Mädchen Papagena, offenbar nach der Figur aus Mozarts »Zauberflöte«. Sie trat 1837 14-jährig selbst in den Dienst des Dunkelgrafen. Johanna Weber, die Einzige, die die Dunkelgräfin zu jener Zeit zumindest zweimal unverschleiert gesehen haben soll, war es übrigens strengstens untersagt, das Schloss zu verlassen. 26 Jahre lang kam sie loyal den Befehlen ihres Herrn nach. 1835 jedoch entließ van der Valck sie plötzlich, weil sie es gewagt hatte, ihren Sohn unerlaubt ins Schloss zu lassen.

Seit 1810 hatte van der Valck das Ehepaar Katharina und Johann Schmidt engagiert. Sie tätigten vor allem Botengänge. 1817 übernahmen sie auch die Pflichten des Dieners Scharr, der 73-jährig gestorben war. Beider Sohn Johann Erhardt Schmidt wurde 1835 zum Kammerdiener berufen, seine Frau Friederike übernahm Johanna Webers Köchinnenposten. Im Jahr darauf wurde Katharina Schmidt mit der delikaten Aufgabe beauftragt, die Pflege der Dunkelgräfin zu übernehmen. Man kann wohl davon ausgehen, dass sie in den letzten Lebenswochen der Patientin diese unverschleiert gesehen haben wird (es sei denn, die Dame pflegte auch im Bett den Schleier zu tragen). Katharina Schmidt wurde im Übrigen wie ehedem Johanna Weber verboten, das Schloss zu verlassen (tatsächlich starb sie daselbst im Februar 1843).

Das eigentümliche Verhalten des Paares im Schloss Eishausen sorgte wie bei ihren anderen Aufenthalten für allerhand Gesprächsstoff und Gerüchte. Von einer hohen Geräuschempfindlichkeit der Dame wurde berichtet, die den Dunkelgraf veranlasste, das traditionelle Neujahrsschießen verbieten zu lassen. Auch soll er stets eine Waffe gegen jegliche Eindringlinge seiner Privatsphäre griffbereit gehabt haben. Sein Vermögen aber gab er mit vollen Händen aus. Das Paar lebte einsam, aber luxuriös. Teure Möbel, exquisite Weine und erlesene Speisen, eine vornehme Garderobe und hübsche Accessoires wurden von weit her geordert. Fast 500.000 Gulden gab van der Valck aus, umgerechnet bis zu 20 Millionen Euro. Und da er sich auch gegenüber den Armen äußerst spendabel zeigte, wurde »van der Versay« 1827 sogar die Ehrenbürgerschaft von Hildburghausen verliehen.

Am 25.11.1837 starb die Dunkelgräfin im Schloss Eishausen. Ein eitriger Abszess im Kiefer mag letztendlich zu einer tödlichen Blutvergiftung geführt haben. Trotz erheblicher Schmerzen seiner Gefährtin hatte es der Dunkelgraf nachweislich unterlassen, einen Arzt zu konsultieren! (Dies verwundert sehr, da er für seine eigenen diversen gesundheitlichen Probleme stets medizinischen Beistand in Anspruch

nahm.) Die infolge des Todes zu erledigenden Forma-
litäten zwangen van der Valck jedoch, Farbe zu be-
kennen. Nach einigem Zögern gab er gegenüber der
Hofkirche Hildburghausen an: »Name: Sophie(a)
Botta. Stand: bürgerlich. Geburtsort: Westfalen. Alter:
58 Jahre. Ledig oder verheiratet: ledig.« Die Angaben
sollten aber auf seine nachdrückliche Anweisung hin
bis zu seinem eigenen Ableben geheim gehalten werden.

Das Grab der Dunkelgräfin in Hildburghausen, 1838.

Drei Tage später wurde der Leichnam der Dunkelgräfin mit behördlicher Genehmigung am Schulers-
berg in Hildburghausen, dem Lieblingsplatz der
Verstorbenen, beigesetzt. Zu ihrem Angedenken ließ
der Dunkelgraf einen Pyramidenstumpf anfertigen,
der über dem Grab thront. Van der Valck lebte nach

dem Tod seiner Gefährtin weiter isoliert. Er starb am 8.4.1845 im Schloss, nur die Köchin Friederike Schmidt war zugegen. Auf dem Friedhof in Eishausen fand er seine letzte Ruhestätte.

Infolge der Sichtung des Nachlasses durch die Behörden wurde van der Valcks richtiger Name öffentlich. Das Schicksal der Dame blieb jedoch ungeklärt. Unter den Papieren fand sich indes ein auf Deutsch verfasster Geburtstagsbrief vom 22.09.1808 (wenn er denn echt ist) an van der Valck, der zeigt, dass sich das Paar sehr nahe gestanden haben muss, da die Schreiberin mit Namen »Sophie« den Adressaten »Ludwig« (= Louis) duzt. Der Name Sophie deckt sich im Übrigen mit den Angaben van der Valcks der Kirche gegenüber. Aber kannte sie etwa nicht seinen wahren Namen, Leonardus?

Mehr als 160 Jahre lang wurde spekuliert, ob es sich bei der Dunkelgräfin nicht um Marie Thérèse, Madame Royale, die älteste Tochter des hingerichteten Königspaares Ludwig XVI. und Marie Antoinette, handeln könne.

Dr. Karl Kühner, Pfarrer Kühners Sohn, war derart fasziniert von dem absonderlichen Leben des Paares, dass er 1852 eine Abhandlung verfasste und darin die Identität der Dunkelgräfin mit Madame Royale ernsthaft in Betracht zog. Über die Jahrzehnte wurden Indizien und Beweise gesucht, um eine sogenannte Vertauschungstheorie zu belegen. Andere mögliche Erklärungen um das Schicksal der Dunkelgräfin wurden kaum näher untersucht. Thomas Meyhöfer vom Interessenkreis »Madame Royale« (jetzt Interessenkreis »Dunkelgräfin«), der sich seit 2005 intensiv um die Identifizierung der geheimnisvollen Dame bemüht, legte in einem 2007 gehaltenen Vortrag erhebliche Zweifel an der Vertauschung dar und schlug zur Lösung des Rätsels eine wissenschaftliche Untersuchung der Gebeine der Dunkelgräfin mittels einer DNA-Analyse vor. 2004 hatte der Stadtrat zwar eine Exhumierung abgelehnt, acht Jahre später aber zugestimmt. Daraufhin gründete sich eine Bürgerinitiative gegen diese Entscheidung. Kontrovers wurde der Sinn oder Unsinn einer Graböffnung diskutiert. Während die Gegner eine Leichenfledderei und die Überschreitung der ethischen und moralischen Grenzen befürchteten, hofften die Befürworter auf ein überregionales Interesse und damit einen Aufschwung des Tourismus. Am 21.04.2013 waren schließlich die Bürgerinnen und Bürger Hildburghausens aufgerufen, gegen die Öffnung des Grabes zu stimmen. Der Bürgerentscheid scheiterte allerdings aufgrund einer zu geringen Wahlbeteiligung. Daraufhin löste sich die Bürgerinitiative auf, und die vom MDR beauftragten internationalen renommierten Wissenschaftlicher konnten mit ihrer Arbeit beginnen.

Am 15.10.2013 wurde das Grab geöffnet, die Gebeine entnommen. Nach den erfolgten Untersuchungen wurden die sterblichen Überreste der Dunkelgräfin am 7.11.2013 in einer feierlichen Zeremonie wiederbestattet. Zuvor war das Grab aufwendig restauriert worden.

Während die wissenschaftlichen Untersuchungen durchgeführt wurden, begann der MDR mit den Dreharbeiten unter anderem auf Schloss Molsdorf bei Erfurt. Schloss Eishausen konnte nicht mehr als Filmkulisse dienen, da es 1887 wegen Baufälligkeit abgerissen worden war.

Am 27.7.2014 wurde die Dokumentation im MDR ausgestrahlt. 600 Interessierte verfolgten die Sendung im Stadttheater von Hildburghausen. Am Ende stand fest: Bei der Dunkelgräfin handelt es sich nicht um

Madame Royale, womit ein lange verfolgtes und diskutiertes Kapitel der Geschichte um die Dunkelgräfin geschlossen werden konnte. Wer sich tatsächlich hinter der Dame verbarg, ist jedoch weiterhin ungeklärt, wenngleich die Hoffnung bestünde, über die sehr seltene DNA-Sequenz der Unbekannten die mütterliche Linie zu finden. Durch die Gesichtsrekonstruktion des Schädels gibt es jetzt aber immerhin ein Bild der Dame.

Der Interessenkreis hat indes bereits angekündigt, dass er weiter über die Herkunft und das Schicksal der »Dunkelgräfin« forschen wird. Ein Schwerpunkt wird die Eruierung möglicher Erkrankungen sein, die das Verhalten der Dame erklären könnte. Wie Thomas Meyhöfer in seiner oben erwähnten Abhandlung plausibel zu erklären versucht, mag das Verhalten der Dunkelgräfin auf eine sogenannte »Lichtallergie« (Photodermatose) zurückzuführen sein, woran übrigens auch Hannelore Kohl, die Ehefrau des Alt-Bundeskanzlers Helmut Kohl, gelitten hatte. Dunkle Vorhänge an den Fenstern des Schlosses, die Angewohnheit um zwei Uhr nachts aufzustehen und natürlich die Verhüllung des Gesichts können Hinweise auf eine derartige oder eine andere Erkrankung sein.

Ein weiterer Forschungsansatz wird auch das Motiv für das abgeschiedene Leben des Paares bleiben. Daneben soll auch der Frage nachgegangen werden, »welche Zwänge der Dunkelgräfin auferlegt wurden und inwieweit ihr isoliertes Dasein fremdbestimmt war. Eine verwerfliche Behandlung ihrer Person ist nicht auszuschließen«.

Vielleicht kann das bisher noch weitgehend im Dunkeln liegende Leben der geheimnisvollen Dame ja eines Tages doch noch erhellt und aufgeklärt werden.

Zwischen Feder und Tod

IM 19. JAHRHUNDERT war er der meistgespielte und erfolgreichste Bühnenautor, womit er sogar Goethe und Schiller in den Schatten stellt. Doch anders als seine berühmten Kollegen ist August von Kotzebue nahezu in Vergessenheit geraten, was sich allein schon anhand der Anzahl der Biografien zu seiner Person ablesen lässt. Dabei verlief sein Leben durchaus dramatisch und skandalträchtig – und die scharfe Führung seiner gespitzten Feder brachte ihm schließlich einen gewaltsamen Tod.

Die Liste seiner Berufe, will man sie so nennen, ist lang. Er war Dramatiker, Schriftsteller, Theaterintendant, Verleger, Regisseur, Advokat, russischer Staatsrat und Generalkonsul, aber auch vielfacher Familienvater. Das literarische Oeuvre August von Kotzebues umfasst mehr als 220 Werke. Er galt als Vielschreiber, was unter seinen Kritikern Neid und Missgunst provozierte. Das schriftstellerische Talent war ihm allerdings nicht unbedingt in die Wiege gelegt worden.

August von Kotzebue entstammte einer Familie von Beamten, die im Herzogtum Braunschweig-Wolfenbüttel beheimatet waren. Kotzebues Urahnen lassen sich jedoch bis nach Stendal (Altmark) zurückverfolgen. Sein Vater Levin Karl Christian Kotzebue stand seit 1758 als Legationsrat und Kabinettssekretär im Dienst der Herzogin Anna Amalia von Sachsen-Weimar. Ein Jahr zuvor hatte er in Wolfenbüttel die Tochter des dortigen Stadtkämmerers Anna Christina Krüger geheiratet, die ihm zwölf Monate nach der Eheschließung das erste Kind, Carl Ludwig Anton, schenkte. In Weimar, wo die junge Familie eine

Wohnung im Gelben Schloss bewohnte, erblickten zwei weitere Kinder das Licht der Welt, die am 01.10.1759 geborene Tochter Karoline Amalie und der am 05.05.1761 geborene Sohn August Friedrich Ferdinand. Nur wenige Monate später schlug das Schicksal indes gnadenlos zu. Der Tod holte mit eisernem Griff das erst 34 Jahre alte Familienoberhaupt zu sich. Die 25-Jährige Witwe stand praktisch, abgesehen von einer kleinen Pension, vor dem Nichts. Worauf sie sich stützen konnte, war neben ihrer unsäglichen Willenskraft und ihrem klugen Verstand die Hilfe ihrer Verwandten und ihres Freundeskreises. Sie richtete in der Weimarer Schlossgasse 6 eine Wohnung ein und konzentrierte sich in den folgenden Jahren allein auf die Erziehung ihrer drei Kinder. Tatsächlich gelang es ihr unter wohl recht entbehrlichen Umständen, ihren beiden Söhnen ein Hochschulstudium zu ermöglichen. Der Älteste absolvierte ein Studium der Theologie und erhielt danach eine Anstellung im Weimarer Archiv. Da er an Epilepsie erkrankt war und zeitweise melancholische Phasen hatte, die seinen Geist verdunkelten, verlor er seinen Posten mit der Begründung »als mit dem bösen Wahne behaftet«. Die Hoffnung der Mutter lag daher insbesondere auf ihrem jüngsten Sohn August.

Nach dem Besuch des Wilhelm-Ernst-Gymnasiums in Weimar studierte der junge Kotzebue Rechtswissenschaft an den Universitäten Jena und Duisburg. Als Advokat kehrte er 1781 nach Weimar zurück. Seine Bemühungen, wie sein Vater eine Anstellung bei Hof zu erhalten, scheiterten jedoch. Daher wandte er sich an einen alten Freund seines Vaters, Johann Eustach Graf von Schlitz, genannt von Görtz. Durch die Vermittlung des ehemaligen Prinzenerziehers und Obersthofmeisters, der nach seiner Verabschiedung aus Weimar als preußischer Gesandter am Zarenhof in St. Petersburg weilte, erhielt er den Posten eines Sekretärs beim dortigen Generalingenieur, Friedrich Wilhelm von Bawr.

August von Kotzebue auf einer Postkarte.

Russland wurde die zweite Heimat Kotzebues; hier nahm seine Karriere einen steilen Aufstieg. Nach Bawrs Tod erhoffte sich der arbeitslos gewordene Kotzebue einen Posten im russischen Außenministerium, Zarin Katharina II. berief ihn indes 1783 zum Tribunal-Assessor am Oberappellationsgericht des

Gouvernements Estland in Reval und zwei Jahre später zum Präsidenten des Gouvernements-Magistrates. Die letztere Ernennung brachte gemäß eines Ukas aus dem Jahre 1722 Kotzebues Erhebung in den Adelsstand mit sich. Seine bürgerliche Herkunft war bis dato ein Makel in den vornehmen Kreisen gewesen, in denen er durch seine Eheschließung mit Friederike von Essen im Februar 1784 verkehrte. Die 1763 geborene Tochter Reinhold Wilhelm von Essens, des Kommandanten der Festung Reval, entstammte dem hohen estländischen Adel. Um der Familie seiner Frau keine Schande zu bleiben, bewarb sich Kotzebue nicht zuletzt auf dringenden Wunsch seines Schwiegervaters in Berlin um ein Adelsdiplom. In seinem Gesuch legte er romanhaft dar, dass seine Familie ursprünglich dem Brandenburgischen Adel angehörte, die Nachkommen aber späterhin »durch Armuth oder andere Fälle bewogen haben, diesen Vorzug in Vergessenheit zu begraben«. Der rührigen Geschichte wurde allerdings keinem Glauben geschenkt, sodass er sich mit seinem Diplom des russischen Dienstadels begnügen musste.

Kotzebue hing sehr an seiner Friederike, »ein braves, gefälliges und unschuldiges Mädchen, voll edlen Gefühls und hoher Herzensgüte«, wie er sie in seiner Selbstbiografie beschreibt. Sie gebar 1785 einen Knaben, Wilhelm, der 1813 in Hessen als russischer Oberst fiel. Es folgten zwei weitere Söhne: Otto (1787-1846), der in die Geschichtsbücher als Weltumsegler und Entdecker Einzug hielt, und Moritz (1789-1861), der eine Laufbahn in der russischen Armee einschlug. Die Geburt des letzten Kindes, Karoline genannt, setzte den zarten Kräften Friederikes jedoch ein Ende. Am 26.11.1790 starb sie in Weimar im Kindbett, gerade 27 Jahre jung. Der trauernde Kotzebue verließ fluchtartig seine Geburtsstadt und lebte die nächsten Monate in Paris und Mainz. Nach seiner Rückkehr nahm er zwar die Amtsgeschäfte in Reval wieder auf, aber er führte sie lust- und antriebslos aus. 1795 nahm er seinen Abschied aus dem Staatsdienst, um sich fortan seinen eigentlichen Leidenschaften zu widmen: dem Theater und der Schriftstellerei.

Nach seiner Übersiedlung nach Russland hatte sich Kotzebue einen weltweit bekannten Namen als Bühnendichter erworben. Schon seit seiner Kindheit schlug sein Herz für das Theater. 1776 stand er beispielsweise gemeinsam mit seiner Schwester in dem von Goethe verfassten Stück »Die Geschwister« an der Seite des berühmten Dichterfürsten auf der Bühne. Aber auch während seines Studiums blieb das Theater sein liebster Zeitvertreib, so betrieb er in Duisburg als auch in Jena eine Laienschauspielbühne.

Kotzebue besaß die außergewöhnlich Gabe, in nur wenigen Tagen ein Stück auf Papier zu bringen. Er verstand es zudem, sich auf die Wünsche des Publikums einzulassen, die Menschen mit seinen Werken zu unterhalten und von ihren Alltagsproblemen für einige wenige Stunden abzulenken – und nicht wie seine schreibenden Konkurrenten in Weimar oder Jena intellektuell zu bilden oder zu erziehen. Seine Zuschauer und Leser dankten es ihm gebührend, die Frühromantiker aber gingen in Opposition zu ihm und echauffierten sich über seine banalen, frechen, ja mitunter frivolen Texte. Kotzebue schrieb Romane, Lustspiele, Erzählungen, Gedichte, Dramen, Tragödien, Historisches und Pasquille. Sein internationaler Durchbruch gelang ihm mit dem Schauspiel »Menschenhass und Reue«, das 1788 in Reval Premiere feierte und nach kurzer Zeit sogar in New York aufgeführt wurde.

Die spitze Feder, die Kotzebues Hand führte, brachte ihm aber nicht nur Lob ein, sondern auch harsche Kritik. Das satirische Pamphlet »Doktor Bahrdt mit der eisernen Stirn«, das er 1790 als Verteidigungsschrift für den in einer Literaturfehde verstrickten Arzt Johann Georg Zimmermann unter dem Pseudonym »Freiherr von Knigge« verfasst hatte, erwies sich nach Bekanntwerden seiner Autorenschaft als schmerzhafter Bumerang. In Weimar hatten bereits früh Gerüchte kursiert, Kotzebue sei der Autor. Seine ahnungslose Mutter verteidigte ihn vehement vor den Verleumdungen. »Es ist unmöglich!«, schrieb sie ihrem Sohn. »So unbesonnen kannst Du als Mann, Gatte und Vater nicht gewesen sein«. Aus Angst vor ihren Ermahnungen verstrickte er sich in seinen Briefen in Halbwahrheiten. Sogar während die Justizkanzlei in Hannover allmählich Beweise fand, ihn als Verfasser zu überführen, versicherte er seiner Mutter immer noch hoch und heilig, er sei nicht der Autor der Schrift. Unter Druck gesetzt, gab er es am Ende dennoch zu, entschuldigte sich öffentlich und bat in St. Petersburg um die Einstellung der auch dort gegen ihn laufenden Untersuchungen.

Während Kotzebue um seinen guten Ruf kämpfte, hatte er ein neues häusliches Glück gefunden. Am 16. Juli 1794 heiratete er Christiane Gertrude, eine Tochter des russischen Kapitäns Adolf von Krusenstjern. Für Christel, wie er sie nannte, war es inzwischen auch die zweite Ehe. Allerdings war sie nicht verwitwet, sondern geschieden und war Mutter zweier Kinder. Da die Verbindung mit Kotzebue nur wenige Tage nach ihrer Scheidung von Major Karl Philipp von Essen geschlossen wurde, kann angenommen werden, dass der Dichter der Grund für die Trennung war. Bereits neun Monate darauf, im April 1795, lag das Mädchen Amalie Sophie Friederike in der Wiege. Vier weitere Kinder folgten: Emilie (1797-1866), August Julius (1799-1876), Paul Demetrus (1801-1884) und Luise (1803-1804).

1798 zog es den erfolgreichen Theaterschriftsteller nach Wien, wo er die Leitung des Hoftheaters übernahm. Lang hielt er es aber nicht aus, denn Intrigen der Schauspieler verleideten ihm alsbald die Arbeit. Nicht zuletzt auf Bitten seiner Frau, die in Wien nicht heimisch wurde, legte er Ende des Jahres Kaiser Franz II. sein Abschiedsgesuch vor. Als Dank für seine Dienste blieb er aber lebenslang Hoftheaterdichter mit einer jährlichen Pension in Höhe von 1000 Gulden.

Die folgenden Monate verlebte Kotzebue in seiner Geburtsstadt. Auf die Ablehnung seiner Person als auch seines Schaffens durch die geistigen Größen Weimars und Jenas reagierte er wie immer mit Tinte und Papier. Den Verriss seiner Stücke durch die Gebrüder Schlegel beantwortete er mit dem satirischen Einakter »Der hyperboreische Esel oder die heutige Bildung«, worauf August Wilhelm Schlegel seinen literarischen Gegner postwendend in einer Satire verunglimpfte.

Die Rückkehr der Familie Kotzebue im Frühjahr 1800 nach Russland, wo Zar Paul I. auf seine Mutter, Katharina die Große, gefolgt war, nahm einen dramatischen Ausgang. Hinter Memel wurde Kotzebue nämlich plötzlich von Frau und Kindern getrennt, verhaftet und nach Sibirien verbracht. Den wahren Grund hat er nie erfahren. Ging von ihm etwa die Gefahr einer Spionage (gar als Jakobiner) aus? Ob es sich um Zufall handelte oder nicht – Zar Paul I. bekam Kotzebues Bühnenstück »Der Leibkutscher Peters des Großen« in die Hände, las es und war zutiefst entzückt. Augenblicklich gab er Befehl, den

Dichter in Freiheit zu setzen. Die viermonatige Verbannung Kotzebues, der das Erlebte umgehend unter dem Titel »Das merkwürdigste Jahr meines Lebens« niederschrieb und zur Veröffentlichung brachte, entschädigte der Regent mit dessen Ernennung zum Hofrat, einem Krongut in Livland und der Leitung des Deutschen Theaters in St. Petersburg. Doch unmittelbar nach der Ermordung des Zaren bat Kotzebue um seine Entlassung. Die Angst vor erneut möglicher Ungnade seitens des Nachfolgers Zar Alexander I. trieb ihn zurück in die deutsche Heimat.

In Weimar drohte allerdings das gespannte Verhältnis zwischen den Alphatieren Kotzebue und Goethe alsbald in einen Skandal zu eskalieren. Die Ambivalenz des Dichterfürsten glich einer ungeeichten Waage. Als Theaterdirektor ließ er regelmäßig Kotzebues Stücke aufführen, da sie trotz ihrer Trivialität ein ausverkauftes Haus bescherten. Gleichwohl lehnte er es ab, Kotzebue an seinen legendären Mittwochabenden einzuladen. Der Geschmähte rief kurzerhand einen eigenen Salon ein, der jeden Donnerstag die adlige und bürgerliche Elite willkommen hieß. Schließlich kam es zum Eklat. Kotzebues neues Lustspiel »Die Deutschen Kleinstädter« wollte Goethe gern in Weimar zur Aufführung bringen, da er aber gewisse Textstellen fand, die seiner Auffassung nach unter anderem auf die Gebrüder Schlegel anspielten, verlangte er eine Überarbeitung. Kotzebue kürzte, Goethe war dies aber nicht genug und redigierte selbst die entsprechenden Passagen, die der vergnatzte Autor jedoch nicht akzeptierte und somit kurzerhand das Stück zurücknahm. Erst als durch die Drucklegung das Urheberrecht erlosch, konnte Goethe das Lustspiel nach seinem Gutdünken auf die Bühne bringen.

Anderswo als in Thüringen brachte man Kotzebues literarischen Leistungen mehr Würdigung entgegen. So berief der preußische König ihn zum Mitglied der Akademie der Wissenschaften und lud ihn nach Berlin ein. Daselbst schlug das Schicksal erneut grausam zu, als seine Frau am 22.08.1803 an den Folgen der letzten Niederkunft die Augen für immer schloss. Nach dem Trauerjahr heiratete Kotzebue im August 1804 ihre Cousine Wilhelmine Friederike von Krusenstjern; auch sie hatte sich von ihrem Mann Moritz Gustav von Kurssel scheiden lassen. Insgesamt acht Kinder entstammten dieser dritten Ehe – die Söhne Karl (1805-1896), Adam (1806-1807), Friedrich (1808-1880), Georg (1810-1875), Wilhelm (1813-1887), Alexander (1815-1889) und Eduard (1819-1852) sowie die Tochter Wilhelmine (1812-1851). Trotz der hohen Sterblichkeitsrate überlebten den Vater zwölf von insgesamt 17 Kindern, davon zehn Jungen, die sich überwiegend dem russischen Militärdienst verschrieben.

Seit dem Zusammenbruch Preußens lebte Kotzebue wieder in Estland, wo er sich weiter als Zeitschriftenherausgeber und Autor zahlreicher Bühnenstücke betätigte. Gleichzeitig verfasste er zunehmend mehr politische Schriften, so erschienen in seinen Journalen »Die Grille« und »Die Biene« zahlreiche antinapoleonische Artikel. Schließlich erinnerte sich Zar Alexander I. seiner, und Kotzebue nahm die Ehrerbietung an. 1813 wurde er russischer Generalkonsul in Königsberg und drei Jahre später zum Staatsrat berufen. Wenig später betraute der Zar Kotzebue mit der literarischen Mission, ihm vierteljährlich aus Deutschland »über alle neuen Ideen zu rapportieren, welche, Religion, Politik, Kriegskunst, Finanzen, Wissenschaften, Gesetzgebung, öffentlichen Unterricht und Ackerbau betreffend, durch den Druck in Europa in Umlauf kommen, ein tableau général dieser Art von Literatur«. Kotzebue kam dieser Aufgabe gewissenhaft nach.

In seine Geburtsstadt zurückgekehrt, gründete Kotzebue das »Literarische Wochenblatt«, in dem er heftig die Burschenschaften und Turnerbünde als »Brutstätten der Revolution« attackierte. Die wütenden Studenten sahen ihren Verdacht, er sei ein russischer Spion, bestätigt und übergaben auf dem Wartburgfest am 18.10.1817 seine »Geschichte des deutschen Reiches« den lodernden Flammen.

Seine Streitbarkeit wurde Kotzebue letztlich zum Verhängnis. Wie von ihm verlangt, schrieb er, inzwischen in Mannheim wohnend, seine geheimen Bulletins für den Zaren. Einer dieser Berichte wurde dem Jenaer Geschichtsprofessor Heinrich Luden zugespielt, der diesen sofort in seiner politischen Zeitschrift »Nemesis« abdruckte. Es hätte nicht schlimmer kommen können, zumal das Bulletin sich mit Ludens angeblichen feindlichen Aktivitäten befasste. Kotzebue gelang es gerade noch, die Herausgabe der »Nemesis« zu verhindern. Wenig später erschien besagter Bericht aber in der von Lorenz Oken herausgegebenen Zeitschrift »Isis«, dessen Exemplare erst nach Erscheinen beschlagnahmt werden konnten. Schließlich publizierte auch Wieland das Geheimbulletin in seinem »Volksfreund«.

Die sogenannte »Bulletin-Affäre« befasste fortan die Gerichte. In erster Instanz wurden Luden, Oken und Wieland zu Geld- und Gefängnisstrafen verurteilt. Sie gingen natürlich in Berufung. Da aber das Urteil nicht vor Ende des Jahres 1818 zu erwarten war, beschloss der Jenaer Burschenschaftler und Theologiestudent Karl Ludwig Sand, der Ludens

Vorlesungen gelauscht hatte und Augenzeuge der Bücherverbrennung auf dem Wartburgfest gewesen war, Selbstjustiz zu begehen.

Kotzebues Tod, Zeitgenössische Radierung.

Am 23.03.1819 suchte Sand in Mannheim die Wohnung Kotzebues auf. Unter Angabe eines falschen Namens wurde der 24-Jährige eingelassen und stach seinen verhassten 57 Jahre alten Feind mit drei Messerstichen tödlich nieder. Seine Selbstrichtung scheiterte dagegen. Sand wurde verhaftet und am 20.05.1820 mit dem Schwert hingerichtet.

Das Attentat auf Kotzebue war der willkommene Anlass für die Verabschiedung der sogenannten Karlsbader Beschlüsse im Sommer 1819, mit denen die nationale Bewegung durch die Überwachung der Universitäten und der Presse, das Verbot der Burschenschaft und die Verfolgung jeglicher Umtriebe erstickt wurde.

Frauen unter sich

WEIMAR IM JAHR 1811: Bettine von Armin ist im Sommer Gast im Hause Goethes, den sie schon seit Jahren anhimmelt. Christiane Vulpius, die Gattin des Dichters, quält zwangsläufig der Stachel der Eifersucht. Nur mit Mühe behält sie die Contenance. Bei einem gemeinsamen Besuch einer Gemäldeausstellung kommt es schließlich zum Eklat.

Die Beziehung des Dichterfürsten Johann Wolfgang von Goethe zu Christiane Vulpuis gab von Anbeginn Anlass für Klatsch im prüden Weimar. Der Günstling Herzogs Carl August, der die vielfältigen Talente des berühmten Verfassers der »Leiden des jungen Werthers« erkannte und ihn in seiner kleinen thüringischen Residenzstadt durch die Ernennung zum Geheimen Legationsrat und die Verleihung eines Adelstitels an sich zu binden verstand, verkehrte in den höchsten Kreisen. Die adligen Damen von Welt wie Charlotte von Stein oder gar die Herzogin Anna Amalia höchstselbst zog er in seinen Bann, doch als seinen ständigen »Bettschatz« musste er sich ausgerechnet eine »Magd« (O-Ton Wieland) auserwählen.

Harsche (Vor-)Urteile über Christiane Vulpius gab es damals zu Haufe. Dabei entstammte sie aus einer Familie von Pfarrern und Advokaten. Wie Goethes Vorfahren waren auch die ihren im Thüringischen ansässig. Ursprünglich hießen die Vulpius »Fuchs«, aber man war der Mode gefolgt, den Namen zu latinisieren.

Doch die Familie war arm. Nachdem Christianes Vater wegen eines Vergehens seinen Posten als Beamter in fürstlichen Diensten verloren hatte, trug sie durch die Tätigkeit als Putzmacherin zum kargen Unterhalt bei. Die Hoffnung ruhte allerdings auf Christianes Bruder Christian August, der Jura studierte. Allein, er träumte von einer großen schriftstellerischen Karriere à la Goethe und bat seine Schwester eines Tages, einen Bittbrief an den verehrten Dichter zu überbringen.

Der Auftrag hatte delikate Konsequenzen. Die Begegnung Goethes mit Christiane im Park an der Ilm endete nämlich im Bett. Das heimliche Versteckspiel der Liebenden im Gärtnerhaus ging ein dreiviertel Jahr gut, dann wurde es entdeckt. Auch Christianes fortschreitende Schwangerschaft hätte sich bald nicht länger verbergen lassen. In jenen Tagen stand unehelicher Geschlechtsverkehr noch unter schwerer Strafe – freilich galt das nur für das gemeine Volk, gedenkt man beispielsweise an die vielen illegitimen Kinder des Herzogs Carl August. Goethe selbst entzog sich nicht seiner Verantwortung. Er heiratete Christiane zwar nicht, zog aber mit ihr zeitweilig vor die Tore der Stadt in das sogenannte Jägerhaus. Hier brachte Christiane am 25.12.1789 den Sohn August Walter zur Welt, der sich prächtig entwickelte. Vier weitere Kinder aus der ungleichen Beziehung holte der Tod jedoch frühzeitig zu sich.

Offiziell war Christiane »die von Goethische Haushälterin«. Die Gäste in Goethes Haus am Frauenplan nahmen gar nicht wahr, dass sie existierte, da es der Dichter verstand, sie im Hintergrund zu halten. Zeigte sich Christiane in der Öffentlichkeit, wurde sie von der höheren Weimarer Gesellschaft gemieden. All die Schmähungen und Verleumdungen ertrug sie offenbar mit Demut.

Mit einem stets wachsamen Auge auf die Finanzen

wirtschaftete Christiane mit Bedacht und Klugheit. Sie kochte, wusch, putzte, organisierte, gärtnerte und wachte am Krankenbett ihres Geliebten. Kurz, sie war ein Mädchen für alles. Gern hätte sie Goethe auch auf seinen vielen Reisen begleitet; sie litt sehr unter den ständigen Trennungen. Ihr Klagen erstickte er jedoch mit Vertröstungen auf einen späteren Zeitpunkt. Auch verbat er sich jedwede Ratschläge, noch duldete er ihre Einmischung in seine Arbeitsweise.

Christiane mit ihrem Sohn August,
Gemälde von Heinrich Johann Meyer, 1792, Postkarte.

Eine Stütze fand Christiane erstaunlicherweise in Katharina Elisabeth Goethe. Sie schloss Christiane nach einer persönlichen Begegnung sofort in ihr großes Herz und nannte sie fortan ihre Tochter. Halt fand Christiane auch in ihrem eigenen Freundeskreis, zu dem viele Schauspieler des Weimarer Theaters und der aus der Schweiz stammende Maler Johann Heinrich Meyer zählten. Goethe hatte mit Meyer in Rom Bekanntschaft geschlossen. Als er im Herbst 1791 nach Weimar kam, nahm er auf Goethes Bitte hin zunächst im Jägerhaus, später am Frauenplan seinen Wohnsitz.

Meyer gehörte zu den wenigen, die Christiane ohne Standesdünkel gegenübertraten. Im Frühling 1792 hielt er seine Freundin mit ihrem Söhnchen August in einem Aquarell fest. Dieses zeigt eine kindlich bieder blickende Christiane, die so gar keine Ähnlichkeit mit der Person hat, die uns auf dem bekannten Porträt von Friedrich Bury kokett lächelnd anstrahlt. Tatsächlich soll es sich nach Ulrike Müller-Harangs Untersuchungen bei Burys Gemälde um die Schauspielerin Friederike Voss handeln. Authentisch dagegen ist bis heute das Bildnis Christianes, welches Carolina Bardua 1806 schuf und im Haus am Frauenplan zu bewundern ist.

1801 legitimierte Goethe endlich seinen inzwischen 12-jährigen Sohn; die Verbindung mit Christiane allerdings nicht. Dann kam der 14.10.1806 mit »jener unglücklichen Nacht«. Nach dem Sieg von Jena und Auerstedt stürmten die Franzosen plündernd das beschauliche Weimar und – so will es die Überlieferung – machten auch vor Goethes Haus am Frauenplan nicht halt. Goethe soll sich aus Furcht vor der Meute im hintersten Winkel zurückgezogen haben und niemand anders als Christiane habe sich schützend vor ihn gestellt (nicht umgekehrt!). Vier Tage nach den »schrecklich dringenden Ereignissen« schloss der Dichter endlich in der Kirche zwischen Toten und Verwundeten den längst überfälligen Ehebund mit seiner Retterin. Aus der »Demoiselle Vulpius« wurde die »Frau Geheimrätin«.

Ende gut alles gut? Mitnichten. Gräfin Schimmelmann empörte sich regelrecht über »Goethes skandalöse Hochzeit«. Die feine Weimarer Gesellschaft zeigte der Frau Geheimrätin weiterhin die kalte Schulter. In Frankfurt am Main oder in Lauchstädt, wo Christiane kurte und das Tanzbein schwang, erhielt sie uneingeschränkte Anerkennung. »Sie, die Goethe, haben wir auch alle herzlich gerne«, sagte Henriette Schlosser in Frankfurt und auch Elisa von der Recke äußerte sich wohlwollend über Christiane. Dagegen lästerten die bösen Weimarer Zungen, wie Charlotte von Schiller, sie sei »ein rundes Nichts«. Goethe musste handeln, wollte er seine Frau nicht weiterhin wie eine Aussätzige behandeln lassen. So lud er im Dezember 1808 die wichtigsten Damen der Stadt zur Teegesellschaft ein, um seine Frau in die Gesellschaft einzuführen.

Über die Jahre hatte sich die Verbindung Christianes mit Goethe zu einer festen, innigen Partnerschaft entwickelt. Beide vertrauten einander und sahen über die jeweiligen Flirts des Anderen mit einem Zwinkern hinweg. Goethe, mittlerweile ein Mann im reifen Alter, machte dem jüngeren weiblichen Geschlecht gern »Äuglichen«, wie sich Christiane ausdrückte, sei es Silvie von Ziegesar oder Bettine von Brentano.

Das Bindeglied zu Bettine von Brentano war deren Mutter Maximiliane von La Roche, zu der Goethe in seiner Jugend eine starke Zuneigung entwickelt hatte. Die gebildete und leidenschaftliche Bettine, die einer vornehmen italienischen Kaufmannsfamilie entstammte, galt als exzentrisch und konnte maßlos übertreiben. Goethe liebte und verehrte sie wie einen Gott. Schon bei ihrem ersten Besuch im Frühjahr 1807 in Weimar wurde Christiane nicht warm mit Bettine. Vielleicht besaß sie ein Gespür ob der wahren Motive der jungen Frau. Die damals 22-Jährige hatte regelrecht die körperliche Nähe zu Goethe gesucht, den Kopf an seine Schulter gebettet und sich ihren Träumen hingegeben. Viel schwerer wog aber wohl Bettines Annäherung an August, den sie »ihren« Sohn nannte und sich darüber anmaßte, auch noch von »unserem [ihren und Goethes] Sohn« zu sprechen.

Bettine von Brentano, verheiratete von Armin,
Radierung von E. L. Grimm, 1809, Postkarte.

Goethe ließ es an Höflichkeit nicht mangeln, in Wirklichkeit dachte er jedoch offenbar anders. Gegenüber Christiane äußerte er sich über einen Brief Bettines eher ärgerlich »Diese wenigen Zeilen haben ihr mehr bei mir geschadet, als Deine und Wielands Afterreden«.

Ende August 1811 hielt sich Bettine, inzwischen Gattin Achim von Armins, dessen Kind sie trug, erneut in Weimar auf. Auch ein Besuch bei Goethe durfte nicht fehlen. Am 13. September 1811 begleitete Christiane die Gäste in die Weimarer Zeichenschule. Goethe, der an diesem Tag anderen Verpflichtungen nachging, hatte die Ausstellung, die der Direktor, sein langjähriger Freund Johann Heinrich Meyer, organisiert hatte, wärmstens empfohlen.

Leider gibt es keine Augenzeugen der skandalösen Szene, die sich in der Zeichenschule abgespielt haben soll. Christiane von Goethe und Bettine von Arnim hielten sich jedenfalls allein in einem der Ausstellungsräume auf, als es zu einem heftigen Wortwechsel zwischen den Damen kam. Die Romantikerin Bettine ließ sich wohl zu spöttischen Äußerungen über die klassizistischen Bilder von »Kunschtmeyer« hinreißen. Vielleicht hatte Bettine noch weitere Sticheleien in Christianes Richtung fallen lassen, die sicherlich ihren Künstlerfreund zu verteidigen gedachte. Mag es da auch eine Andeutung auf Christianes Lebenswandel gegeben haben, eine eventuelle Affäre Christianes und Meyers? Schließlich hatte der Maler zwölf Jahre lang in Goethes Haus gelebt, auch dann, wenn der Hausherr wochenlang fort war. Achim von Armin jedenfalls vertraute Ende September seinem Schwager Friedrich Karl von Savigny unter dem Mantel der Verschwiegenheit an, die Geheimrätin sei deshalb in Rage geraten, »weil meine Frau wahrscheinlich mit ihren häufigen Besuchen ihrer Hurerey mit Schauspielern Hindernisse in den Weg legte«.

Christiane hatte in den Jahrzehnten an der Seite Goethes gelernt, Verletzungen und Kränkungen duldsam zu ertragen. Aber dieses Mal verlor sie die Fassung. Bettine behauptete später, die »Blutwurst« sei »toll geworden« und habe sie gebissen. Die in Gotha lebende Pauline Gotter meinte zu wissen, Christiane habe Bettine sogar die Brille von der Nase gerissen und demoliert. Achim von Arnim, der sich in einem Nebenraum aufgehalten hatte, lief infolge des Geschreis und Gekreische herbei und fand seine Gattin »bleich und zitternd wieder zwischen einer Menge Unbekannten, die sich teilnehmend um sie bemühten und sie ausfragten«.

Auch fast drei Wochen später hatte sich die Aufregung immer noch nicht gelegt. »Die Flut des Klatsches ist ungeheuer. Die ganze Stadt ist in Aufruhr, und alles erdichtet oder hört Geschichten über den Streit mit Arnims«, schrieb Charlotte von Schiller Anfang Oktober.

Wie reagierte Goethe? Er erwies sich endlich als wahres Mannsbild und hielt zu Christiane. Die Arnims versuchten in den Tagen nach der Begebenheit sich brieflich zu rechtfertigen, doch der Geheimrat blieb unnachgiebig. Am 19. September 1811 verließen die Arnims die Residenzstadt. Als sie im Januar des nächsten Jahres einen Zwischenaufenthalt in Weimar einlegten, ließen sie sich im Haus am Frauenplan melden, doch Goethe empfing sie nicht. Und er blieb fest. Anfang August 1812 schrieb er aus Teplitz an seine Frau, »von Arnims nehme ich nicht die mindeste Notiz, ich bin sehr froh, dass ich die Tollhäuser los bin.«

So ein Theater

OB MORALITÄT, OPER oder Schauspiel – die Inszenierungen auf der Bühne sorgten und sorgen nicht selten für öffentlichen Aufruhr. Die Erwartungshaltung bei einer Premiere ist stets sehr hoch. Wie hat der Regisseur das Thema umgesetzt? Wird das Publikum »Bravo« skandieren oder das Ensemble auspfeifen? Denn was der Eine als brillant interpretiert, mag den Anderen regelrecht anwidern.

Im Mittelalter war das Schauspiel noch stark vom Christentum geprägt. Erst allmählich, vor allem an den fürstlichen Höfen und in den Städten, setzten sich szenische Darstellungen mit unterhalterischen Akzenten durch. Die Moralitäten, die sich aus den Mysterienspielen entwickelten, waren im 14. Jahrhundert sehr populär. Wie der Name schon sagt, stand der moralische, aber auch der religiöse Charakter des Spiels im Vordergrund. Kaum zu glauben, dass ein Fürst infolge einer jenen Spiele in lebensbedrohliche Aufregung versetzt werden könnte. Wie die Chroniken erzählen, soll sich aber am 04.05.1321 in Eisenach genau so etwas zugetragen haben: Aus Anlass der Weihe der Predigerkirche führten die Mönche des Dominikanerklosters das biblische Gleichnis »Spiel von den fünf klugen und fünf törichten Jungfrauen« auf. Neben dem Volk wohnte auch der Landgraf der Aufführung bei.

Der 64-jährige Friedrich der Freidige blickte zu diesem Zeitpunkt auf ein dramatisches Leben zurück: Geboren wurde er als Sohn Albrechts des Entarteten und der Kaisertochter Margarete von Staufen. Als seine Mutter aus Abscheu vor ihrem temperamentvollen und treulosen Gemahl von der Wartburg floh, soll sie der Überlieferung nach Friedrich beim Abschied in die Wange gebissen haben – deshalb ist er auch unter den Beinamen »der Gebissene« bekannt. Mit seinem Vater und seinen Brüdern stritt er sich Jahrzehnte lang um das dem Zerfall preisgegebene wettinische Erbe; erst 1307 kam es zur Versöhnung, bei der Albrecht der Entartete die Regentschaft seinem Sohn Friedrich überließ. Exil und Gefangenschaft hatte derselbe mit ritterlicher Würde ertragen und mit unerschrockener Kühnheit um die Durchsetzung seiner Ansprüche gekämpft. Seinen Traum von der Kaiserkrone musste er zwar begraben, aber durch die Wiederbelehnung mit Thüringen und Meißen durch König Heinrich VII. erhob er sich stolz als Retter der wettinischen Hausmacht empor. Tief traf ihn jedoch der Tod seines Sohnes Friedrich der Lahme, der 22-jährig 1315 im Kampf gegen Brandenburg durch einen Pfeilschuss fiel. Konnte diese und andere Sünden, die auf dem Landgraf lasteten, durch Reue vergeben werden?

Die Erzählung von den klugen und den törichten Jungfrauen belehrte den Landgrafen eines Besseren. Christus lud die klugen Jungfrauen an seine Tafel, da sie einen christlichen Lebenswandel gefrönt hatten. Die törichten Jungfrauen aber schloss er aus. Sie hatten es vorgezogen, weder gute Werke zu tun noch ihre Pflichten zu befolgen. Flehend wandten sich die Ausgestoßenen an die Mutter Gottes, der es aber nicht gelang, ihren Sohn zum Einlenken zu bewegen. »Sünder, geh hinweg von mir, Trost und Gnad' versag ich dir ...«, sprach Christus und übergab die törichten Jungfrauen dem Teufel. Klar und deutlich wurde den Zuschauern vor Augen geführt, dass die Sünden auch durch Fürbitten bei der Heiligen Maria nicht losgesprochen werden konnten. »Was ist denn der christliche Glaube, wenn sich Gott nicht über uns erbarmt durch Fürbitte Marias und aller Heiligen?« soll der erschütterte Landgraf wütend ausgerufen haben.

Tagelang sann Friedrich der Freidige über die Aussage des Gleichnisses nach und bekam Zustände, die seinen Geist verdunkelten. Als ihn seine Gemahlin Elisabeth am darauffolgenden Freitag zur Frühmesse weckte, hatte den Landgraf schon der Schlag getroffen, von dem er sich nicht mehr erholte. Erst zweieinhalb Jahre später, am 16.11.1323, wurde er von seinem Leiden erlöst.

Das kulturelle Weimar machte gleich durch mehrere Theaterskandale von sich reden:

Beginnen wollen wir mit der Aufführung von Kleists Schauspiel »Der zerbrochne Krug« unter Goethes Ägide, die durch Pfiffe und Stampfen des Publikums gestört wurde, so liest man in manchen Quellen. Der bis aufs Mark beleidigte Kleist gedachte Goethe daraufhin sogar zum Duell zu fordern. Doch wie viel Wahrheitsgehalt tatsächlich hinter den Erinnerungen von einigen Zeitgenossen auch stecken mag, der Karriere des Autors waren durch den Aufsehen erregenden Zwischenfall fast unüberwindbare Steine in den Weg gelegt worden.

Der am 10.10.1777 in Frankfurt an der Oder geborene Heinrich von Kleist war fast sein ganzes Leben – welches er am 21.11.1811 ein Ende setzte – auf der Suche nach dem richtigen Pfad des Glücks und der Freiheit. Nach zwölf Dienstjahren in der preußischen Armee hatte er ein wissenschaftliches Studium aufgenommen, das er aber schon nach drei Semestern aufgab. Zwischen Staatsdienst und Bauernhof schrieb er sein erstes Trauerspiel. »Die Familie Schroffenstein«

erschien allerdings anonym und wurde vom Publikum widersprüchlich aufgenommen. Von der Verlobten verlassen, von Geldsorgen geplagt, hin- und hergerissen zwischen seinem Streben nach Dichterruhm brach Kleist völlig zusammen. Nachdem er sich wieder aufgerafft hatte, ging er zurück in den Staatsdienst und träumte einmal mehr von einem produktiven Schriftstellerdasein. Der ertragreiche Erfolg eines Bühnenautors und Erzählers (u.a. »Michael Kohlhaas«) sollte ihm zu Lebzeiten jedoch verwehrt bleiben, daran war der von ihm zunächst hoch verehrte Goethe nicht ganz unschuldig.

Heinrich von Kleist,
Kreidezeichnung von Peter Friedel, 1801.

Im August 1807 erhielt Goethe ein Paket mit zwei Werken aus der Feder Kleists überreicht, darunter die Neuerscheinung »Der zerbrochne Krug«. Nach der Lektüre entschied er, das Lustspiel am Weimarer Hoftheater aufzuführen. In seinem Brief lobte er Kleist, er ließ es aber auch nicht an Tadel mangeln: »Der zerbrochene Krug hat außerordentliche Verdienste ...« Nur schade, dass das Stück auch wieder dem unsichtbaren Theater angehört.« Goethe nahm sich des nach seiner Einschät-zung schwer umsetzbaren Stückes trotzdem an und teilte den Einakter in drei Teile auf. Nicht mehr und nicht weniger.

Am 02.03.1808 war es soweit. In jenen Theatertagen wurde dem Zuschauer übrigens schon Einiges zugemutet, denn gleich zwei Werke standen an diesem Abend auf dem Programm. Als erstes gab es eine komische Oper. »Der Gefangene« von Domenico Della Maria dauerte etwa eine Stunde. Drei weitere Stunden waren für die Uraufführung des »Zerbrochnen Kruges« vorgesehen, und diese sollten sich bis zur Unerträglichkeit dehnen. Die begrenzte Konzentration und Aufnahmefähigkeit der Zuschauer zeigte sich schließlich im dritten Akt, als Eve, gespielt von der jungen Schauspielerin Beate Elstermann, eine Stunde lang ihre Rechtfertigung vortrug. In der ursprünglichen Fassung umfasste vor allem der vorletzte Auftritt 514 Verse! Friedrich Wilhelm Riemer, Bibliothekar in Weimar, notierte in sein Tagebuch »Abends der Gefangene und der zerbrochene Krug, der anfangs gefiel, nachher langweilte und zuletzt von einigen wenigen ausgetrommelt wurde, während andere zum Schlusse klatschten.« Andere Augen- und Ohrenzeugen meinten, ein »Pochen« gehört zu haben.

Kleist, der der Premiere nicht beigewohnt hatte, fühlte sich völlig unverstanden. Dass sein Stück beim

Weimarer Publikum derart durchgefallen war, lastete er allein Goethes Regie an. Der Dichterfürst wies indes alle Schuld von sich und war über Kleists Ansinnen höchst empört, wie er sich zwei Jahre später in einem Gespräch äußerte, »eine Ausforderung deswegen nach Weimar schicken zu wollen«. Dies »deutete, wie Schiller sagt, auf eine schwere Verirrung der Natur, die den Grund ihrer Entschuldigung allein in einer zu großen Reizbarkeit der Nerven oder in Krankheit finden kann.«

Später überarbeitete und kürzte Kleist radikal den »Zerbrochnen Krug« für die Buchausgabe, die Goethe nach Kleists Suizid im Jahre 1811 zwar neu aufführen wollte, es aber dann doch unterließ.

Das Hoftheater in Weimar.

Was Goethe in seiner Funktion als Theaterintendant an Literatur erfolgreich auf die Bühne brachte, gelang Franz Liszt (1811-1886) als Kapellmeister mit der Musik. Seit 1842 war der geniale Klaviervirtuose in Weimar bestellt, sechs Jahre später avancierte er sogar zum Hofkapellmeister. Ihm gelang es in kurzer Zeit, das Orchester und das Ensemble zu Höchstleistungen zu motivieren. Zudem brachte er den Mut auf,

Werke von umstrittenen Komponisten wie Richard Wagner zu dirigieren und als Oper uraufzuführen. Das reine Schauspiel kam dabei zu kurz, was sich auch durch die Kürzung des Budgets bemerkbar machte. Als 1857 Großherzog Carl Alexander mit Franz von Dingelstedt einen neuen Intendanten berief, musste Liszt seinen Traum, »eine neue Kunstperiode« zu schaffen, allmählich begraben. Denn Dingelstedt hatte es sich zu seinem Leitziel gemacht, den Stardirigenten von seinem Olymp zu stürzen.

Liszts Untergang in Weimar wurde perfekt geplant, wobei sich das Publikum offenbar bereitwillig zu diesem Zweck instrumentalisieren ließ. Für den 15.12.1858 hatte Liszt die Premiere der Oper »Der Barbier von Bagdad« seines Freundes Peter Cornelius auf den Spielplan gesetzt. Wie zu erwarten, war das Haus gefüllt, auch Großherzog Carl Alexander hatte in seiner Loge Platz genommen. Als Liszt vor das Orchester trat, erhob sich ein Raunen und Zischen unter den klatschenden Zuschauern. Glücklicherweise waren die Musiker und Sänger Profis genug, sich von den Unmutsäußerungen nicht aus ihrer Ruhe bringen zu lassen und begannen die Aufführung wie gewohnt. Der wütende Liszt ahnte freilich, dass sich die Pfiffe nicht gegen das Werk und seinen Komponisten richteten, sondern allein gegen ihn. Der Applaus am Ende der Oper gab seiner unheilvollen Vermutung Recht. Ein Teil des Publikums versuchte den Beifall mit aller Macht durch zischende Geräusche zu übertönen. Zehn Minuten soll es gedauert haben, ohne dass irgendjemand von der Theaterleitung einschritt. Dingelstedt sah tatenlos zu, er soll dem Großherzog sogar zu Beginn der Aufführung zugeraunt haben, falls die Vorstellung schon nach dem 1. Akt abgebrochen werden sollte, könne er mit einen Lustspiel einspringen.

Liszt verwand das gegen ihn eingefädelte Debakel nicht. Er fühlte sich von den Weimarern ohnehin missverstanden, die sein Genie nicht erkannten, die seine Lebensweise in der Altenburg als auch seine freie Liebe zu einer verheirateten russischen Fürstin missbilligten. Innerlich hatte er schon längst gekündigt. Der Skandal um die Opernpremiere war insofern fast der willkommene Anlass, seine schon längst überfällige Entlassung einzureichen.

In der Ära des Weimarer Theaters gab es schließlich noch einen weiteren spektakulären Zwischenfall, der sich ausgerechnet am geschichtsträchtigen Datum des 9. November 1918 ereignete.

Während im Weimarer Schloss Großherzog Werner Ernst dem Druck des Arbeiter- und Soldatenrats nachgab und seine Abdankungsurkunde unterzeichnete (am gleichen Tag hatte in Berlin Philipp Scheidemann die Republik ausgerufen), spielten sich im Hoftheater dramatische Szenen um die 100. Aufführung der »Maria Stuart« von Friedrich Schiller ab. Unter den Zuschauern saßen nämlich einige Revolutionäre, die nur darauf warteten, dem Drama auf der Bühne ein sensationelles Ende zu bescheren. Und tatsächlich: »Nieder mit der monarchistischen Theaterei! Jetzt machen wir Theater!« echote es aus dem Zuschauerraum. Die Revolutionäre gaben nicht eher Ruhe, bis die Vorstellung abgebrochen wurde und der Vorhang fiel. Der Intendant Carl von Schirrach wurde abgesetzt und das Hoftheater in Landestheater umbenannt. Der ab 1919 amtierende Intendant Ernst Hardt gab dem Theater einen neuen Namen, der bis heute fortbesteht: Deutsches Nationaltheater Weimar.

Geschmacklos und obszön

DASS SICH ÜBER Kunst trefflich streiten lässt, ist hinlänglich bekannt. Kritiken können den Künstler und seine Werke in den Olymp heben oder gänzlich vernichten. Wie viel Bedeutung muss oder sollte man also der Rezension eines Kunstkritikers beimessen?

Die Mitglieder des Allgemeinen Kunstvereins in Altenburg jedenfalls ließen sich von einem in den Dresdner Neuesten Nachrichten gedruckten Artikel über eine junge Künstlergruppe restlos überzeugen, wenn nicht gar blenden. Der promovierte Feuilletonredakteur Paul Fechter lobte darin das Schaffen der jungen Maler, die sich 1905 unter der Bezeichnung »Brücke« vereinigt hatten, und er prophezeite ihnen eine bedeutende Entwicklung. Paul Fechter gilt sicherlich als ihr frühester Bewunderer, andere nahmen sie mit großer Zurückhaltung wahr oder man stand ihnen sogar völlig ablehnend gegenüber. Heute allerdings zählt die »Brücke« zu den bekanntesten Künstlergruppen des »Expressionismus«. Der Begriff als Stilrichtung etablierte sich hingegen erst nach 1910.

Die Gründungsmitglieder waren die vier Architekturstudenten Ernst Ludwig Kirchner, Karl SchmidtRottluff, Erich Heckel und Fritz Bleyl. Auf der Suche nach Gleichgesinnten, die entgegen den traditionellen Malstilen mit kräftigen Farben und einer ausdrucksstarken Pinselführung ihren Bildern eine neue Sprache verleihen wollten, trafen sie unter anderem auch auf den ausgebildeten Maler Max Pechstein.

Themen der »Brücke« waren unter anderem der Zirkus, das Varieté, Landschaftsbilder und Akte, für die Freunde Modell standen. Die Natur in all ihren

Facetten diente als Motiv. Für die Arbeit an ihren Badenden-Bildern verlegten sie ihr Atelier sogar direkt an die schönen Seen. Mit den sinnlich prallen Körpern eines Paul Rubens hatten die Bilder der noch jungen Künstlergruppe jedoch nichts gemein. Die Vereinsmitglieder in Altenburg waren regelrecht entsetzt, als sie die aus Dresden eingetroffenen Kisten auspackten. Unter den Gemälden befand sich beispielsweise ein Ölbild von Max Pechstein. »Weiber mit gelbem Tuch« hatte er es genannt: Zwei Frauen sind völlig unbekleidet. Die eine sitzend und dem Betrachter den Rücken zukehrend, die andere stehend in gänzlicher Pracht, so wie nur Gott allein sie geschaffen haben konnte. Letztere hält ein Tuch in den Händen. Will sie die Scham der dritten halb nackten Dame ver- oder enthüllen? Der Verbleib dieses freizügigen Bildes, welches auch unter dem Titel »Das gelbe Tuch« bekannt wurde, ist heute unbekannt. Lediglich ein Foto ist überliefert.

Was mag in den Köpfen der Mitglieder des Altenburger Kunstvereins, der sich 1867 gegründet hatte, vorgegangen sein? Konnte man derart erotische Bilder einem eher konservativen Publikum zumuten? Ob ihnen zu Ohren gekommen war, welches Aufsehen schon die allererste »Brücke«-Ausstellung im September 1906 in Dresden erregt hatte, bleibt offen. Damals hatte die Polizei nämlich ein Plakat, das einen Frauenakt darstellte, kurzerhand beschlagnahmt, ehe es überhaupt hätte aufgehängt werden können.

Die Vereinsmitglieder entschieden sich nach eingehender Beratung für das Wagnis einer Exposition, schließlich hatte die Wanderausstellung bereits im Juni in der renommierten Galerie Emil Richter in Dresden Station gemacht, ohne offenbar jeglichen Aufruhr zu verursachen. Doch was in der sächsischen

Residenzstadt positiv beachtet wurde, musste nicht zwangsläufig auch in einer Kleinstadt wie Altenburg Anklang finden.

Als Ausstellungsort standen dem Kunstverein ein paar Räumlichkeiten im Lindenau-Museum zur Verfügung. Der Begründer und Stifter Bernhard August von Lindenau hatte in der Mitte des 19. Jahrhunderts auf dem Grund seines Besitzes, dem Pohlhof, ein Gebäude errichten lassen, um seine umfangreiche Sammlung an antiken Keramiken, Gemälden italienischer Künstler und Gipsabgüssen unterzubringen. Nach seinem Tod bedachte er das Herzogtum Sachsen-Altenburg mit seiner Sammlung und einem Legat, was einen größeren Neubau im Schlosspark ermöglichte. Zwischen den wertvollen und unersetzbaren Kunstgegenständen aus längst vergangenen Tagen mögen die modernen Werke der Künstlergruppe vielleicht doch etwas deplatziert gewirkt haben.

*Das Lindenau-Museum
in Altenburg auf einer Postkarte.*

Der in Altenburg geborene Eduard Plietzsch, der mit vielen Künstlern auf Du und Du stand und als Kunsthändler und -kritiker als Kenner seines Faches galt, erzählt in seinen Lebenserinnerungen »... heiter ist die Kunst« mit ironisch lebhaften Worten von dem Skandal, der sich nun in seiner Vaterstadt zutrug. Er schlug in der Tat so große Wellen, dass dies sogar auf der gegenwärtigen Internetseite des Lindenau-Museums Erwähnung findet.

Es war ein Bruch mit Tabus, der sich dem interessierten Kunstpublikum bot. Es heißt, die traditionsbewussten Besucher haben die sündhaften und unmoralischen Bilder vor Empörung und Abscheu bespuckt. Drei Tage lang beobachteten die fassungslosen Verantwortlichen das Geschehen, ehe sie am 23. Juli 1909 zur Vermeidung weiterer eklatanter Zwischenfälle endlich die Schließung der Sezession anordneten.

Den Künstlern der »Brücke« mag das große Aufsehen um ihre Arbeiten ganz zupass gekommen sein. Schneller konnte man doch gar nicht zu großer Bekanntheit gelangen. Die Mitglieder des Kunstvereins indes sahen sich in bedrängter Erklärungsnot. Hilfe suchend traten sie an den noch jungen Studenten der Kunstgeschichte, Eduard Plietzsch, heran, der gerade mit dem Beginn der Semesterferien von der Universität nach Hause zurückgekehrt war, und baten ihn eindringlich, ein Exposé zu schreiben. Dieses war, wie Plietzsch sich erinnerte, »von solch dreister Unverschämtheit, dass man mit der Verlesung im Kunstverein zauderte.« Die Verteidigungsschrift fand dennoch ihre Zuhörer und auch Leser, wie Max Pechstein. »Habe mich sehr gefreut, die Epistel an die Altenburger zu lesen«, schrieb der Maler an Eduard Plietzsch. »Sie haben es den Herren tüchtig gegeben«.

Literatur

Ludwig von Aigner (Ludwig Abafi): Johnson. Ein Hochstapler des XVIII. Jahrhunderts. Beitrag zur Geschichte der Freimaurerei. Frankfurt/Main 1902

Sigrid Damm: Christiane und Goethe. 4. Aufl. Frankfurt/Main und Leipzig 1998

Armin Gebhardt: August von Kotzebue. Theatergenie zur Goethezeit. Marburg 2003

Ulrich Heß: Forschungen zur Verfassungs- und Verwaltungsgeschichte des Herzogtums Sachsen-Coburg-Meiningen. 1680-1829. Sonneberg 1954

Oliver Hilmes: Liszt. Biographie eines Superstars. München 2011

August von Kotzebue's Selbstbiographie. Wien 1811

Thomas Meyhöfer: Das Rätsel der Dunkelgräfin von Hildburghausen. Bilanz einer 160-jährigen Forschung. Hildburghausen 2007

Peter Michalzik: Kleist. Dichter, Krieger Seelensucher. Berlin 2011

Katharina Mommsen: Kleists Kampf mit Goethe. Heidelberg 1974

J. Gr. von Oeynhausen. Die Familie Kotzebue. S. 38-70

Eduard Plietzsch: »... heiter ist die Kunst«. Erlebnisse mit Künstlern und Kennern. Gütersloh 1955

Stefanie Walther: Die (Un)Ordnung der Ehe. Normen und Praxis ernestinischer Fürstenehen in der Frühen Neuzeit. München 2011

Wilfried Warsitzka: Die Thüringer Landgrafen. 2009

Bildnachweis

Die Vorlagen stammen aus dem Archiv der Autorin.